Stephan Philipp

INVESTIEREN WIE EIN FÖRSTER

FBV

Bibliografische Information der Deutschen Nationalbibliothek
Die Deutsche Nationalbibliothek verzeichnet diese Publikation in der Deutschen Nationalbibliografie; detaillierte bibliografische Daten sind im Internet über http://d-nb.de abrufbar.

Für Fragen und Anregungen:
1. Auflage 2022

Türkenstraße 89
80799 München
Tel.: 089 651285-0
Fax: 089 652096

Die im Buch veröffentlichten Ratschläge wurden von Verfasser und Verlag sorgfältig erarbeitet und geprüft. Eine Garantie kann dennoch nicht übernommen werden. Ebenso ist die Haftung des Verfassers beziehungsweise des Verlages und seiner Beauftragten für Personen-, Sach- und Vermögensschäden ausgeschlossen.

Ausschließlich zum Zweck der besseren Lesbarkeit wurde auf eine genderspezifische Schreibweise sowie eine Mehrfachbezeichnung verzichtet. Alle personenbezogenen Bezeichnungen sind somit geschlechtsneutral zu verstehen.

Lektorat: Judith Engst
Korrektorat: Silke Panten
Umschlaggestaltung: Karina Braun
Foto auf dem Cover: © privat
Abbildungen auf dem Umschlag: Shutterstock/nanmulti
Abbildungen im Innenteil: Shutterstock/Qualit Design, Shutterstock/Vector Tradition, Shutterstock/dobrograph
Satz: Daniel Förster
Druck: GGP Media GmbH, Pößneck
Printed in Germany

ISBN Print 978-3-95972-530-9
ISBN E-Book (PDF) 978-3-98609-014-2
ISBN E-Book (EPUB, Mobi) 978-3-98609-015-9

INHALT

TEIL 1

EIN PAAR GEDANKEN VORWEG

EINLEITUNG

Es ist Dezember 2020, während ich diese Zeilen zu Papier bringe. Große Teile Europas sind durch einen neuerlichen »Lockdown« in Stillstand versetzt, und ich finde endlich Zeit, dieses lange aufgeschobene Projekt zu realisieren. Als jemand, der sich seit der Kindheit privat und beruflich mit Wald und Natur beschäftigt und seit seinen Studienzeiten intensiv mit den Kapitalmärkten, erfüllt es mich zunehmend mit Sorge, was für große Wissenslücken über beide Themen in weiten Teilen der Gesellschaft vorhanden sind. Diese Wissenslücken sind schädlich, denn daraus resultieren Verhaltensweisen, die nicht nur unsere Lebensqualität verringern, sondern auch die Zukunft unserer Kinder gefährden.

Beide Themen scheinen unendlich weit auseinanderzuliegen, und doch finden sich zahlreiche Parallelen und so viele Dinge, die man vom Wald für die Börse lernen kann. Beide Bereiche haben auch gemeinsam, dass man all die falschen Vorurteile über sie widerlegen und den Menschen mit praktischen Beispielen ein realistischeres Bild nahebringen kann. Da heutzutage sehr polarisiert debattiert wird und die Wahrheit oft in der Mitte liegt, ist mir wichtig, zu betonen: Ich möchte nicht streiten, sondern mit anschaulichen und nachvollziehbaren Beispielen zum eigenen Denken anregen. Auf meinen Waldführungen gelingt mir dies in der Regel. Ich hoffe, es glückt mir auch hier nur mit der Kraft des geschriebenen Wortes.

Bevor Sie sich der Lektüre widmen, möchte ich mich Ihnen vorstellen. Ich bin in einem kleinen Dorf in Oberbayern zwischen der Landeshauptstadt München und dem bayerischen Alpenraum aufgewachsen. Meine Familie hatte einen Hektar eigenen Wald und vier Hektar Grünland, das mit Schafen beweidet wurde. Diese Flächen boten direkt um unser Anwesen gelegen den schönsten Kinderspielplatz, den man sich nur wünschen kann. Durch die Trennung meiner Eltern und die Aufenthalte bei meinem Vater am Wochenende in München wurde mir der Kontrast zwischen beiden Welten – Stadt- und Landleben – sehr deutlich. Niemals wollte ich einen »Nine-to-five-Job« haben, bei dem ich den ganzen Tag in einem geschlossenen Gebäude zubringen müsste.

Ende der Neunzigerjahre, in der Zeit des Neuen Marktes und einer beispiellosen Technikeuphorie, wählte ich daher einen eher ungewöhnlichen Studiengang, der an der Technischen Universität München angeboten wurde: Ich schrieb mich für Forstwissenschaften ein – und habe dies bis heute nie bereut. Der Studiengang ist der letzte, der dem humboldtschen Ideal des Universalgebildeten recht nahekommt. Er vermittelt Kenntnisse aus allen Bereichen der Naturwissenschaften, der Soziologie, der Betriebswirtschaft bis hin zur Pädagogik und Geschichte. Durch das Studium wird man zum Generalisten und durch die Praxis zum Diplomaten. Denn nachdem ich beinahe zehn Jahre Projektleiter in der sogenannten Bergwaldoffensive der bayerischen Staatsregierung in den Landkreisen Miesbach und Bad Tölz war, hätte ich wahrscheinlich auch zur Lösung des Nahostkonfliktes beitragen können. Auf regionaler Ebene findet man in der bayerischen Provinz einen Mikrokosmos, in dem unterschiedlichste Interessen aufeinanderprallen, die sich am Wald entladen. Tourismusverantwortliche, Naturschutzvertreter, Jäger, Waldbauern, Almbauern, Politiker, Behörden und viele andere fechten um ihre Interessen, oft begleitet von Lokalmedien, die die Konflikte genüsslich in der Öffentlichkeit ausbreiten. In deren Zentrum steht immer der Wald.

Der Wald ist der letzte Rest scheinbar unberührter Natur in unserer modernen Welt. Im Alpenraum ist er das größte zusammenhängende Ökosystem Mitteleuropas mit vielen endemischen Arten, also Arten, die nirgendwo anders vorkommen. Was mich aber besonders an diesem Ökosystem fasziniert, ist, dass man auch einen Ertrag daraus erzielen kann. Der Wald trägt zum Lebensunterhalt des Menschen bei, und zwar heute genauso wie vor tausend Jahren. Die Forstwirtschaft wird hinsichtlich der Wertschöpfung stark unterschätzt, aber dazu später mehr.

So viel zu meiner Försterseele. Jetzt stelle ich Ihnen den Investor in mir vor. Mein Interesse an der Börse wurde durch meinen Vater schon in frühester Kindheit geweckt. Er hatte sich selbst bereits mit zwölf Jahren das erste Wirtschaftsbuch gekauft und sich dann autodidaktisch zu einem wahren Investmentprofi entwickelt. Dennoch lebte er in einer Einzimmerwohnung, besaß kein Auto und sein einziges weiteres Hobby waren ausgedehnte Bergtouren. Es war nicht die Aussicht auf hohen Wohlstand, sondern es waren andere Dinge, die ihn an der Börse faszinierten.

Ich bin froh, dass ich durch ihn früh diese Einblicke erhielt und mir eine faszinierende und lukrative Welt nicht verschlossen blieb. Denn auch ich wurde mit höchster Überzeugungskraft vor den Gefahren dieses »Werkzeugs des Teufels« gewarnt, und zwar durch Medien, Freunde und Verwandte, die noch nicht einmal verstehen, was eine Aktie ist. Ich widmete große Teile meiner Freizeit den Kapitalmärkten und erkannte im Laufe der Zeit viele Parallelen zu meinem forstlichen Berufsfeld und sogar zu den ökologischen Prozessen im Wald. Vieles lässt sich übertragen, daher gilt: So wie die Bionik versucht, Strukturen aus der Natur in der Technik zu nutzen, so kann auch der Investor und private Anleger vieles aus dem Waldbau auf die Börse übertragen.

Die Idee, dieses Buch zu schreiben, kam mir bei einer Exkursion zu einem Forstbetrieb, dessen adeliger Besitzer auch eine Bank betreibt. Der dortige Förster erzählte, dass er regelmäßig die Manager dieser Bank in den Wald führe und sich vieles von seiner täglichen Arbeit auf deren Tätigkeitsbereich übertragen lasse.

Dieses Buch soll auf einer abstrakten Ebene zwei Welten zusammenbringen, die zunächst gegensätzlich erscheinen, und es soll Sie neugierig machen, sich mit beiden Welten intensiver zu beschäftigen. Dies ist aus mehreren Gründen sehr wichtig, denn der Wald hat große Probleme und ist für unser Wohlbefinden essenziell. Wenn sich falsche Bilder über den Wald in politisches Handeln übertragen, dann kann dies negative Auswirkungen haben. Das Gleiche gilt für die Börse. Die meisten Menschen haben von der Börse nicht nur ein falsches Bild, sondern auch kein Interesse an ihr; manchmal hegen sie sogar eine tief empfundene, jedoch unbegründete Abneigung. Auch dies ist gefährlich, denn es schwächt unseren Wohlstand und unsere Altersvorsorge und führt zu einem immer stärker werdenden Ungleichgewicht in der Vermögensverteilung. Aber auch der erfahrene Anleger wird mit Interesse lesen, dass es in einer völlig anderen Welt, nämlich der Forstwirtschaft, so viele Parallelen zur Aktienanlage gibt, wie er vermutlich nie gedacht hätte.

Zu den beiden Themen dieses Buches, dem Wald und der Börse, gibt es sehr viele Meinungen und leider sehr wenig Wissen. Meinungen kann man zu politischen Themen, Religion und anderem haben, und Meinungsvielfalt ist gut und wichtig – aber nur, wenn sie von Evidenz getragen wird. Das Schöne ist, dass man mit nur ein klein wenig Wissensvermittlung und anschaulichen Praxisbeispielen in beiden Bereichen, dem Wald und der Börse, Menschen zu einem Umdenken bewegen kann. Anschaulich wird dies bei waldpädagogischen Führungen. Bevor wir in den Wald gehen, frage ich die Kinder, ob es gut oder schlecht ist, wenn ein Baum gefällt wird. Nahezu immer sagen alle, es sei schlecht. Am Ende der Führung stelle ich die Frage erneut und meistens antworten sie wie erhofft: »In der Regel ist es gut.«

KAPITEL 1

DER WALD

DAS VERKANNTE MULTITALENT

Seit ein paar Jahren beobachte ich ein zunehmendes Interesse am Wald quer durch alle Altersgruppen. Wenn ich an einem deutschen Hauptbahnhof auf die Zeitschriftenständer schaue, so gibt es heutzutage gleich mehrere Zeitschriften, die sich mit Wald und Natur befassen, und auch unzählige Bücher hierzu säumen die Regale.

Neben einer weltweiten Ökobewegung, die auch durch die »Fridays for Future«-Proteste zum Ausdruck kommt, ist es das »Verdienst« Einzelner, etwa des Bestsellerautors Peter Wohlleben. Seine Art, zu erzählen und den Menschen den Wald nahezubringen, schätze ich sehr, auch wenn man manche Aussagen durchaus sehr kritisch betrachten kann; zumindest tut das die Wissenschaft.* Peter Wohlleben bedient das Bedürfnis der Menschen nach etwas Mythischem, denn die Natur wurde

* https://www.openpetition.eu/petition/online/auch-im-wald-fakten-statt-maerchen-wissenschaft-statt-wohlleben

kulturgeschichtlich von einem Ort, der bei den Germanen noch ein spiritueller Ort war, über einen Sehnsuchtsort der Romantik zu etwas, das in der aufgeklärten Moderne vorwiegend technisch und wissenschaftlich betrachtet wird. Auch durch die Zuwendung zur Esoterik kann man erkennen, dass die Menschen in der Natur nach »mehr« suchen. Doch leider hat dadurch eine Gegenbewegung eingesetzt, durch die die Menschen ein romantisch verklärtes Naturbild bekommen haben, das nur wenig mit der Realität zu tun hat. Sie verurteilen durch dieses falsche Verständnis die dringend notwendige Bewirtschaftung des Waldes.

Waldbauern, die ihr Eigentum über Jahrhunderte bewirtschaftet und gepflegt haben, müssen sich beim Hantieren mit der Motorsäge für das Fällen von erntereifen Bäumen rechtfertigen. Von Wanderern und Ausflüglern wird ihnen Profitgier und Umweltzerstörung vorgeworfen. Gleichzeitig genießen ebendiese Menschen später ganz selbstverständlich einen Almdudler und eine Portion Kaiserschmarren in der aus Fichtenholz erbauten und mit Holzmöbeln bestückten Almhütte. Woher dieses Holz wohl kommt? Auch in den Medien werden Stimmen laut, die dazu auffordern, die Wälder sich selbst zu überlassen, und es wird von einer »konservativen Forstlobby« gesprochen, die das nicht verstehen würde.*

Dabei gibt es im Wald gar nicht so viel zu holen. Ohnehin besteht der überwiegende Teil der Waldbesitzer aus Kleinbauern, die eine tiefe emotionale Beziehung zu ihrem Eigentum haben. Sie sind mit dem Wald aufgewachsen und haben schon als Kinder mit den Großeltern Bäumchen gepflanzt, die sie

* Zum Beispiel: »Entspannt euch, Leute!« in *Donaukurier* vom 08.12.2017.

jetzt pflegen. Oder es sind große Staatsbetriebe, die sogar gesetzlich verpflichtet sind, bei der Bewirtschaftung nicht nur auf die Ökonomie, sondern auch auf die anderen Funktionen des Waldes zu schauen (dazu später mehr). Zudem sinken die Holzpreise kontinuierlich, und die gefährliche Forstarbeit wird schlecht entlohnt. Die Forstwissenschaftler arbeiten an staatlichen Universitäten und erhalten, anders als im Pharmabereich, nur sehr wenige Mittel aus der freien Wirtschaft. Das Bild einer geschlossenen Lobby zu zeichnen, die rein ökonomische Interessen verfolgt, wäre falsch. Zum Wald gibt es so viel zu sagen, dass ich nicht weiß, womit ich anfangen soll. Daher beginnen wir zum Einstieg mit grundsätzlichen Daten.

Auf einer Demonstration gegen die Forstreform in Bayern im Jahr 2004 fragten Passanten in München, warum man denn hier eigentlich demonstrieren würde, wir hätten doch ohnehin keine Wälder mehr. Was vielen Menschen nicht bewusst ist: Die Waldfläche nimmt sogar seit Jahrzehnten zu und circa ein Drittel der Landesfläche Deutschlands und die Hälfte der Landesfläche Österreichs sind mit Wäldern bedeckt. Deutschland ist immer noch ein Waldland, auch wenn der größte Teil gerodet wurde. Ohne den Einfluss des Menschen wäre Deutschland nämlich nahezu vollständig von Wald bedeckt.

Weshalb sind Wälder aber von so hoher Bedeutung, und zwar nicht nur für die Bevölkerung im ländlichen Raum oder für Naturliebhaber, sondern für die gesamte Gesellschaft und die Wirtschaft? Um dies zu verstehen, müssen wir uns zuerst mit den Waldfunktionen beschäftigen, die gesetzlich definiert sind. Vor einigen Jahren habe ich eine Gruppe von Studenten aus aller Herren Länder betreuen dürfen. Sie wohnten zwei Wochen lang auf einer Hütte und pflanzten in schwer zugänglichen Schutzwaldlagen junge Bäumchen. Als die circa zwanzig Studenten eingetroffen waren, bauten wir für die Begrüßungsrunde ein provisorisches Lager für den Tag, und als alle beisammensaßen, bat ich sie, reihum in nur einem Satz zu beschreiben, was sie mit dem Wald verbinden. Sehr häufig kamen Aussagen wie »Lebensraum von Tieren«, »Sauerstoffproduzent« und »Platz, an dem man die Seele baumeln lassen kann«. Wenn ich Kindern auf Schulführungen die gleiche Frage stelle, werden auch regelmäßig die Tiere genannt, der »Platz zum Spielen«, aber auch das »Bauen von Hütten« und Ähnliches.

Mit diesen Aussagen sind bereits alle Waldfunktionen angesprochen. Allerdings erkennt man bei den Aussagen ganz deutlich einen Schwerpunkt, der sicher vor hundert Jahren ein anderer gewesen wäre: Die ökologische Funktion des Waldes wird mit Abstand am häufigsten genannt. Im österreichischen Forstgesetz von 1975 ist sie nicht explizit ausgewiesen, sondern zwischen den Zeilen zu lesen. Im Bundeswaldgesetz werden die Waldfunktionen im Artikel 1 genannt. Ebenso sind hier, wie auch im Waldgesetz in Bayern und in den anderen Bundesländern, die biologische Vielfalt und der Wald als Lebensraum verankert. Wälder sind die Heimat zahlreicher Tier-, Pflanzen- und Pilzarten. Viele kommen nur in sehr spezifischen Waldstrukturen vor und würden verschwinden, wenn es den Wald nicht mehr gäbe oder wenn er stark verändert würde. Die Arten, die einem dabei als Erstes in den Sinn kommen, sind jedoch keineswegs immer jene, die unserer besonderen Fürsorge bedürfen. Reh, Hirsch, Gams und Wildschwein sind genauso wie der Fuchs keineswegs bedroht, sondern haben sich gut an die veränderte Landschaft angepasst. In München leben heute mehr Füchse als im Umland. Füchse sind klassische Kulturfolger; und die Bestände etwa von Rehen sind heute weit höher als im Mittelalter, was unter anderem wegen Fraßschäden am jungen Baumnachwuchs zu großen ökologischen Problemen führt.

Gerade die kleinen Arten sind es, die selten sind. Häufig benötigen sie Totholz als Lebensraum. Alle Insekten und Pilzarten aufzuführen, würde ein eigenes Werk erfordern. Leider sind es auch keine »sexy Spezies«, mit denen sich Interesse generieren ließe. Dieser Begriff ist im Naturschutz gebräuchlich und beschreibt das Phänomen, dass sich Spendengelder und politisches Engagement vor allem mit Tieren generieren lassen, die besonders niedlich sind, so wie ein Pandabär oder ein Delfin, oder mit Tieren von besonderer Faszination wie der Wolf. Dass vor allem Letzterer weit weniger bedroht ist als zum Beispiel manch schleimige Schnecke oder gruselig wirkende Spinne, spielt keine Rolle. Dabei haben diese wenig beachteten Spezies eventuell eine weitaus höhere Bedeutung für das Ökosystem. Da haben wir schon eine erste Parallele zur Börse: Auch da geht es leider sehr oft um Emotionen und keineswegs immer nur um Rationalität und Fakten.

Je nachdem, ob man eine Gruppe von Erwachsenen oder Kindern führt, und je nachdem, ob diese eher aus einem ländlichen oder urbanen Milieu stammen, werden an zweiter Stelle Freizeitaktivitäten genannt. Dies ist sicher eine Erscheinung der Neuzeit. Zwar schwärmten schon Dichter der Romantik von der Natur, aber in feudalen Zeiten war der gemeine Untertan eher damit beschäftigt, auf den Feldern für das Auskommen des Adels zu schuften. Auch in der Industriegesellschaft und der Nachkriegszeit des Wiederaufbaus waren die Menschen froh, ihre Wochenenden, die ohnehin auf den Sonntag beschränkt waren, auf dem Sofa verbringen zu können. Mit zunehmender Technisierung und reduzierten Arbeitszeiten begann sich jedoch eine Freizeitindustrie zu entwickeln, die sich stark auf den Wald fokussierte. Neben den klassischen Bergtouren entstanden Fun- und Trendsportarten wie Geocaching, Mountainbiking, Nordic Walking und vieles mehr. Eine sehr neue Entwicklung ist das aus Japan importierte Konzept des »Shinrin Yoku« oder zu Deutsch »Waldbaden«. Derzeit entwickelt sich eine regelrechte Masseneuphorie um diese neue Art des Walderlebens, von der mancher Förster spottet, es sei doch bloßes Spazierengehen. Der ein oder andere begeisterte Städter sieht darin schon eine fast transzendentale Heilung der geschundenen Großstadtseele. Die Wahrheit liegt wohl irgendwo dazwischen, wobei wissenschaftliche Studien sehr wohl die positive Wirkung des Waldes auf die menschliche Gesundheit belegen. Und wenn es Menschen in die Natur bringt und dem engagierten Waldbesitzer neue Einkommensmöglichkeiten eröffnet, entsteht dadurch eine Win-win-Situation. Auch die »Erholungsfunktion« findet sich in unseren Forstgesetzen und ist damit die zweite Waldfunktion, die den meisten Menschen sehr bewusst ist.

Etwas schwieriger wird es dann schon mit den weiteren beiden »Aufgaben«, die unsere Wälder haben. An dritter Stelle wird in der Regel die Sauerstoffproduktion genannt. Man könnte diese Aufgabe unter die »Wohlfahrtsfunktion« subsummieren. Der Wald produziert nämlich nicht nur Sauerstoff. Tatsächlich ist dies sogar zu vernachlässigen, denn, so erinnere ich mich an Vorlesungen in der Geobotanik, die maritimen Algen wären schon ausreichend, damit wir nicht ersticken. Wälder reinigen aber die Luft von Schadstoffen und haben durch ihre Verdunstungsleistung und durch ihren Energieverbrauch bei der Photosynthese einen sehr großen Einfluss auf das Mikroklima. Sie kühlen das Land im Sommer durch Beschattung und Verdunstung und halten im Winter die Wärme zurück, ähnlich wie Wolken. Besonders im urbanen Bereich sind sie daher von höchster Bedeutung.

Nur sehr vereinzelt wird eine weitere Waldfunktion genannt, obwohl sie gerade in meinem Wirkungsbereich, dem Alpenraum, von höchster Bedeutung ist. Wenn überhaupt, dann erwähnen Schüler den Schutz vor Lawinen, da sie dieses Thema häufig auf dem Lehrplan haben. Die Schutzfunktion ist aber weit mehr als das. Der Wald hält nämlich nicht nur große Schneemassen zurück, sondern auch Steine und Wasser. Er schützt damit Menschen und Infrastruktur nicht nur direkt unterhalb in den Tälern, sondern auch fernab der Alpen in den Städten, die häufig an großen Flussläufen liegen. Ein gesunder Waldboden ist wie ein Schwamm. Er hält bei Starkregen große Wassermengen zurück, die dadurch nur zeitverzögert in die Flussläufe gelangen. Er ist damit ein wichtiger Puffer, der Hochwasser verhindern kann. Wenn der Wald zusammenbricht und kränkelt, muss der Schutz durch mechanische Verbauungen sichergestellt werden. Diese Verbauungen, die man häufig von den Autobahnen auf dem Weg Richtung Süden ans Mittelmeer sehen kann, sind nicht nur hässlich, sie kosten den Steuerzahler auch ein Vermögen. Ein intakter Wald schützt also nicht nur Menschenleben, er macht dies auch auf sehr preiswerte Weise.

Wie oben erwähnt, sind es in der Regel die Kinder, die im Wald auch etwas bauen und damit die heute wenig beachtete und doch so wichtige Nutzfunktion der Wälder betonen. Auch diese Funktion steht im Gesetz und war lange Zeit in der Geschichte für den Menschen die mit Abstand wichtigste. Der Wald war für unsere Vorfahren Apotheke, in der Heilpflanzen wuchsen, Ernährer durch Pilze, Beeren und wildlebende Tiere, und nicht zuletzt Quelle des wichtigsten Rohstoffs, der nie an Bedeutung verloren hat und heute vor einer gigantischen Wiederentdeckung steht: Holz. Vor einigen Jahren musste ich mich sehr über eine Aussage in einer Talkshow ärgern. Es wurde die Auffassung vertreten, dass Deutschland keine nennenswerten Rohstoffe außer der Bildung habe. Zwar gebe ich dem Teilnehmer, der das sagte, recht, was die Bedeutung von Bildung angeht (das sehen Sie auch an meiner später vorgestellten Lieblingsaktie). Doch beim Vorhandensein von Rohstoffen muss ich ihm widersprechen. Einen wichtigen klassischen Rohstoff haben wir definitiv: Holz.

Deutschland ist ein Holzland. Es gibt nahezu keine Region in der Welt, wo die Bedingungen für die Holzproduktion so gut sind wie in Mitteleuropa. Zum einen haben wir eine vorbildliche Waldbewirtschaftung: Von deutschen Forstleuten wurde die Nachhaltigkeit erfunden und sie ist auch in unseren Gesetzen verankert. Zum anderen haben wir hervorragende Bedingungen, was Niederschläge und Böden angeht. Wir haben hoch qualifiziertes Personal vom Waldarbeiter bis zum Forstakademiker und eine Infrastruktur, die eine kleinflächige, naturnahe und dennoch sehr kosteneffiziente Bewirtschaftung ermöglicht. Und die Nutzung des Rohstoffes Holz kann noch intensiviert werden, da aktuell noch nicht einmal der jährliche Zuwachs abgeschöpft wird. Es wird also derzeit weit weniger Holz gefällt als nachwächst.

Holz ist so vielseitig einsetzbar, so faszinierend, dass ich später noch intensiv darauf eingehen werde. Nur so viel vorab: Es ist nicht per se schlecht, den Wald und sein Holz zu ernten, sondern es kann sogar förderlich für die anderen Waldfunktionen sein. Hier besteht eines der größten Missverständnisse, dem ich sehr oft begegne. Auch vermeintliche Fachleute differenzieren häufig nicht zwischen der Regenwaldzerstörung und der nachhaltigen Bewirtschaftung, wie wir sie betreiben. Viele Nichtregierungsorganisationen wie der WWF sind weltweit tätig, und außerhalb Mitteleuropas wird tatsächlich in großem Umfang Raubbau betrieben. Das Bild, das den Menschen jedoch vermittelt wird, ist, dass es hier auch so wäre. Dem ist aber nicht so, im Gegenteil. Unsere Art der Waldnutzung ist nachhaltig und hat mit einem Raubbau an der Natur nichts zu tun. Viele bewirtschaftete Wälder sind reinen Naturwäldern sogar hinsichtlich der Artenvielfalt überlegen und manches Natura-2000-Gebiet* ist nur durch Bewirtschaftung entstanden.

Bei diesen verschiedenen Funktionen der Wälder ist wichtig, zu verstehen, dass all diese Waldfunktionen gleichrangig sind. Die so wichtige Nutzfunktion ist keineswegs der Ökologie untergeordnet. Im Einzelfall kann eine Waldfunktion überwiegen. So kann zum Beispiel ein stadtnaher Wald primär der Erholung dienen. Dann wird die Forstverwaltung dort besonders viel Wert auf »ästhetische« Waldbilder, gepflegte Wege und Freizeiteinrichtungen legen, auch wenn dies zulasten der Ökonomie geht. In anderen Bereichen haben wir

---

* Natura 2000 bezeichnet ein EU-weites Netz von Schutzgebieten, wobei jedem Land die Verantwortung zum Erhalt dort typisch vorkommender Ökosysteme zukommt.

Naturwaldreservate oder Nationalparks, in denen Forschungsfragen und ökologische Prozesse im Vordergrund stehen. Grundsätzlich sollen aber alle Funktionen auf dem überwiegenden Teil unserer Waldflächen gemeinsam erfüllt werden. Hierbei unterscheiden wir uns von anderen Regionen der Welt.

In den Vereinigten Staaten, wo es riesige Waldflächen gibt, wird ein anderer Ansatz verfolgt. Wenn es zum Beispiel um die Waldökologie geht, so steht dort der segregative (trennende) Ansatz im Vordergrund, wohingegen wir mit unserer dicht besiedelten Kulturlandschaft den integrativen (vereinenden) Ansatz verfolgen. Damit ist gemeint, dass bei uns die zuvor genannten Waldfunktionen alle miteinander auf der gleichen Fläche erfüllt werden, wohingegen die USA eher zwischen sehr intensiv bewirtschafteten »Plantagen« und unberührten Nationalparks trennen. Wir können uns dies durch die dichte Besiedlung nicht leisten, beziehungsweise wollen wir das auch gar nicht, denn die sogenannte multifunktionale Waldbewirtschaftung führt dazu, dass Wälder insgesamt alle Funktionen besser erfüllen können.

Nehmen wir zu Beginn einmal die so wichtige Schutzfunktion. Ein Urwald entwickelt sich über verschiedene Stadien hin zu einer sogenannten Terminalphase, in welcher der Altbestand immer lückiger wird und schließlich beginnt zusammenzubrechen. Dies ist zum einen eine Phase höchster Biodiversität, da besonders viel Totholz vorhanden ist und durch die zunehmende Sonneneinstrahlung Bodenpflanzen und Insekten gedeihen können. Der Rückhalt von Lawinen ist aber in einem solchen Waldbestand nicht optimal. Und ein Wald, in dem die ehemaligen Baumriesen allmählich verfaulen, bindet auch kein Kohlenstoffdioxid mehr, sondern entlässt es vielmehr wieder in die Luft. Natürlich würden sich wieder neue Bäume etablieren. Oft wäre dies aber erst nach einer langen Phase der Fall, in der die Flächen verunkrautet sind und sich erst nach und nach ein Vorwald aus Pionierbaumarten wie Birken, Pappeln oder Weiden bilden kann, in dessen Schutz die gewünschten Hochwaldbaumarten (in der Regel sind dies in den Nordalpen Fichte, Tanne, Buche, Esche und Bergahorn) nachwachsen können.

Durch frühzeitige Eingriffe sorgen Waldbewirtschafter für eine kontinuierliche Verjüngung und dafür, dass unter dem langsam lichter werdenden Altbestand schon die nächste Baumgeneration bereitsteht. Sie greifen auch ein, wenn sich Borkenkäfer entwickeln, und entnehmen die befallenen Stämme, bevor dieser Schädling sich großflächig ausbreiten kann. Durch Eingriffe steuern sie das Mischungsverhältnis der unterschiedlichen Arten und sorgen dafür, dass auch auf Buchenstandorten, wo das Nadelholz untergehen würde, mindestens ein Drittel Tannen und Fichten mitwachsen können. Diese Nadelbäume halten nämlich den Schnee weit besser zurück als winterkahle Laubhölzer. Der bewirtschaftete Wald ist daher gerade aufgrund der Eingriffe von Waldbewirtschaftern hinsichtlich seiner Schutzfunktion besser als ein reiner Naturwald, der sich selbst überlassen wird.

Wie sieht es mit der Erholungsfunktion aus? Hier muss ich zuerst ein weiteres Paradoxon unserer Gesellschaft ansprechen. In den letzten Jahren wird zunehmend der Wunsch nach Wildnisgebieten geäußert, zuerst von Naturschutzorganisationen, aber inzwischen auch von der breiten Masse. Zuerst einmal stellt sich die Frage, was denn unter »Wildnis« zu verstehen ist. Reine Urwälder sind in Mitteleuropa bis auf rudimentäre Reste nicht mehr vorhanden. Einen Plenterwald, also ein künstliches, vom Menschen erzeugtes Nebeneinander von alten, mittelalten und jungen Bäumen auf einer Fläche, wird der Laie eher als Wildnis wahrnehmen als einen reinen Buchenhallenwald ein und derselben Altersklasse, der jedoch ein natürliches Waldökosystem darstellt.

Ein früherer Chef von mir hat einmal sehr treffend gesagt: »Wenn man sich die Gärten unserer Mitmenschen anschaut, dann weiß man, wie viel Wildnis sie wirklich wollen.« Er spielte auf die Unsitte an, jedes vermeintliche Unkraut zu entfernen und einen englischen Rasen anzulegen, der genau genommen eine ökologische Wüste ist. Schlimmer sind nur die absolut toten Kiesgärten. Leider ist der Garten heute für viele Kinder fast der einzige Ort, an dem sie auf Natur treffen, und umso schlimmer ist diese Entwicklung. Als ich einmal Hamburger Schüler zu Gast hatte und in den Bergwald führte, waren vier unter ihnen, die noch nie einen Wald betreten hatten. Dabei waren sie schon fünfzehn Jahre alt. Wenn sich Eltern mit ihren Sprösslingen aber doch einmal in den Wald begeben, so erwarten sie hier keineswegs, auf eine ursprüngliche Wildnis zu treffen. Dies ist durch Umfragen belegt worden. Vielmehr gefällt ihnen der aufgeräumte Wirtschaftswald mit seinen Forstwegen, auf denen es sich wandern und Rad fahren lässt, und zwar ohne die Gefahr, Totholz in Form von abgestorbenen Ästen auf den Kopf zu bekommen oder über tote Baumriesen klettern zu müssen, um voranzukommen.

Eine natürliche Dynamik sind auch die Quadratkilometer großen Kahlflächen im Nationalpark Bayerischer Wald, wo man die Massenvermehrung der Borkenkäfer ablaufen lässt. Diese gehört nämlich zur natürlichen Walddynamik und beschränkt sich nicht auf die Fichtenplantagen, die auf den falschen Standorten im Flachland begründet wurden. In den borealen Nadelwäldern der nördlichen Hemisphäre treten sie in Urwäldern auf Hunderten von Quadratkilometern auf und lassen alte Bäume absterben, aber eben nicht den gesamten Wald. Dieser regeneriert sich wieder. Dass dies den Touristen im Bayerischen Wald aber zu langsam geht, zeigt deutlich: Auch bezogen auf die Erholungsfunktion sind Eingriffe des Menschen sinnvoll, zumal viele Gemeinden die Wälder besonders attraktiv gestalten, indem sie blühende Bäume wie die Wildkirsche an Wegesränder setzen.

Hinsichtlich der Wohlfahrtsfunktion ist es besonders wichtig, dass Menschen die Prozesse lenken und dadurch für eine ausgewogene Mischung sorgen (zum Beispiel durch gezielte Mischwuchsregulierung). Wie sinnvoll das ist, zeigt ein Blick unter die Erde auf die verschiedenen Wurzelsysteme. So bilden manche Bäume wie die Tanne tiefe Pfahlwurzeln, andere wie die Fichte sehr flache Wurzeln und wieder andere wie die Buche herzförmige Wurzelsysteme aus. Dadurch werden sie optimal mit Nährstoffen versorgt und sind am besten dazu in der Lage, Schadstoffe aus dem Wasser herauszufiltern.

Wie sieht es aber mit der Waldfunktion aus, zu welcher der scheinbar größte Gegensatz besteht, der Ökologie? Die Waldwirtschaft ist bestrebt, die natürlichen Prozesse im Ökosystem nachzuahmen und die natürliche Dynamik in einem Wald zu nutzen. Somit gibt es auch bezogen auf den Artenschutz häufig sogar Verbesserungen. Ein Beispiel sind die viel gescholtenen Forstwege, die der kleinflächigen Bewirtschaftung dienen. Es gibt den Spruch »ein Wald ohne Weg ist wie ein Haus ohne Tür«. Früher mussten oft ganze Berghänge abgeholzt werden, da man das Holz sonst nicht zu Tal bringen konnte. Durch einen Forstweg kann man gezielt einzelne reife Bäume entnehmen und zum Beispiel im Fall von Borkenkäferbefall schnell reagieren und gezielt nur die betroffenen Bäume abholzen. Ein Forstweg ermöglicht zudem die Bewirtschaftung mit modernen Maschinen, die entgegen der verbreiteten Meinung weit schonender sind als viele konventionelle Ernteverfahren. Ein Beispiel ist der so oft kritisierte Harvester (Holzvollernter). Er kann mit seinem langen Greifarm gefällte Bäume über schon vorhandener Verjüngung, also natürlich herangewachsenen jungen Bäumen, schonend herausheben. Dagegen würde ein Waldarbeiter diese bei der Fällung zwangsläufig zerstören. Auch in der sogenannten motormanuellen Holzernte mit der Motorsäge müsste der Waldarbeiter mit einer schweren Maschine in den Wald fahren, um den Baum dorthin zu befördern, wo er auf einen LKW geladen werden kann. Außerdem schafft ein Weg einen Lichtschacht und damit einen künstlichen Waldinnenrand, der seltene lichtbedürftige krautige Pflanzen und Schmetterlinge fördert. Eine interessante aktuelle Publikation der österreichischen Bundesforste zeigt diese Zusammenhänge anschaulich auf.*

Doch bevor ich den Faden verliere und mich nur auf den Wald fokussiere, lassen Sie uns jetzt über die Börse sprechen.

* »Aktiv für Biologische Vielfalt an Forststraßen«; ÖBF-Broschüre: https://www.bundesforste.at/fileadmin/publikationen/brochueren/Bundesforste_Broschuere_-_Aktiv_fuer_biologische_Vielfalt_an_Forststrassen_2020.pdf

KAPITEL 2

DIE BÖRSE

EINE VERKANNTE UND FASZINIERENDE WELT

Leider ist es in Deutschland nicht sexy, über das Thema Geld zu sprechen. Ich habe dies nie verstanden und früher oft Leute gefragt, welche Summen sie in ihrem Beruf denn verdienen würden. Einige haben versucht, die Frage höflich zu umgehen, aber die meisten haben mit blankem Entsetzen reagiert, als hätte ich eine fürchterliche Beleidigung gegen sie ausgesprochen. Auch die seltsame Tatsache, dass man hierzulande sehr wohl großen Wert auf Statussymbole legt, aber sich lieber ärmer darstellt, als man ist, zeugt von einem gestörten Verhältnis zum Thema Finanzen.

Besonders deutlich wurde dies in einem Interview mit Friedrich Merz, als dieser zurück auf die politische Bühne kam und gar als der nächste Kanzler gehandelt wurde. Da er lange sehr erfolgreich in der Privatwirtschaft tätig war, hatte er es zu einem gewissen Wohlstand gebracht. Dies scheint in Deutschland aber eher als Makel gesehen zu werden. Auf die Frage, ob er denn reich sei, antwortete er sehr verlegen, dass er wohl der oberen Mittelschicht zuzuordnen sei. Dass dies politisch sehr ungeschickt war, insbesondere als Besitzer von zwei Privatflugzeugen, steht auf einem anderen Blatt. Was mich erschreckt, ist die Tatsache, dass es offenbar einfacher für einen Schulabbrecher ohne Ausbildung ist, Wählerstimmen zu bekommen, als für jemanden, der großen beruflichen und eben auch finanziellen Erfolg hatte.

Diese verrückte Haltung wird auch schon in den Lehrplänen unserer Schulen deutlich. Wenn ich mich an meine Zeit am Gymnasium Miesbach in den Neunzigerjahren erinnere, so wurde das Thema Geldanlage allenfalls sehr kurz in der Oberstufe angeschnitten. Dafür gab es schon in der Volksschule jährliche »Spartage«, an denen uns der örtliche Vertreter der Regionalbank erklärte, was für tolle Möglichkeiten das klassische Sparbuch biete.

Das alles kann natürlich auch daran liegen, dass sowohl Lehrer im Beamtenstatus als auch die zuständigen Politiker gute Pensionen kassieren und sich selbst wenig Gedanken um das Thema private Vorsorge machen müssen. Man muss sich jedoch wahrlich nicht wundern, wenn die Altersarmut in Deutschland stetig zunimmt – aber dazu später mehr. Ich will Ihnen an dieser Stelle vermitteln, dass es hoch spannend sein kann, sich mit dem Thema Börse zu beschäftigen, und zwar eben nicht nur, um seinen Wohlstand zu mehren, sondern aus vielen anderen Gründen. Die Börse ist eine Lehrmeisterin und eine Möglichkeit, einen sinnvollen Beitrag zum Gemeinwohl zu leisten. Meine geheime Geliebte möchte ich Ihnen auch entsprechend vorstellen.

Wer sich mit den Kapitalmärkten beschäftigt, der beschäftigt sich zwangsläufig auch mit allem, was die Welt bewegt, sei es in gesellschaftlicher, politischer oder technologischer Hinsicht. Jede politische Entscheidung hat unmittelbare Auswirkungen. Es bewegt die Märkte sowohl, wenn nach dem 11. September 2001 die USA in den Krieg ziehen, als auch, wenn die Stadt Berlin die Mietpreisbremse einführt. Themen wie die Überalterung unserer Gesellschaft und deren dadurch veränderte Bedürfnisse, zum Beispiel nach Pflegeheimen oder Medikamenten, führen zur Gründung von Unternehmen in diesen Bereichen, die sich über die Börse mit Kapital versorgen.

Durch das Interesse an diesen Vorgängen bekam ich einen Blick auf so spannende Zukunftsthemen wie Robotik, künstliche Intelligenz oder Biotechnologie, den ich ansonsten in dieser Form nicht gehabt hätte. Sich mit der Börse zu beschäftigen, führt zwangsläufig zu einem breiten Allgemeinwissen. Die Börse ist somit, wie gesagt, eine Lehrmeisterin, sie ist aber auch eine Form der Geldanlage, die einen hohen gesellschaftlichen Mehrwert generiert.

Das größte Paradox, dem ich in vielen Diskussionen zum Thema Geldanlage begegnet bin – auch unter sehr gebildeten Menschen –, ist die Aussage, man wolle keine Aktien kaufen, weil man sonst »dieses kapitalistische System« unterstützen würde. Dazu ein paar grundlegende Anmerkungen: Kapitalismus und Turbokapitalismus sind nicht das Gleiche. Wenn der Mensch wirtschaften darf, statt auf Almosen angewiesen zu sein, kann er sich seinen Lebensunterhalt selbst verdienen. Die Existenz von Unternehmen und das Wachstum, das sie generieren, haben ihren Sinn. Es gibt ernst zu nehmende Studien, die belegen, dass sich durch Kapitalismus der Hunger und das Leid in der Welt nicht vergrößern, sondern verringert haben.* Ich finde ich es zudem bemerkenswert, dass fundamentale Kapitalismuskritiker gleichzeitig anscheinend kein Problem damit haben, die Produkte von ebenjenen Firmen zu kaufen, an denen sie sich aus weltanschaulichen Erwägungen heraus lieber nicht als Investoren beteiligen möchten.

Die Kollegen, die mir dieses Argument in der Kaffeepause servierten, werden von einem Apple-Handy geweckt, kochen ihren Kaffee mit einer Maschine des Nahrungsmittelherstellers Nestlé, setzen sich in einen BMW, tanken das Benzin von Esso (ExxonMobil) und rauchen die Zigaretten von British American Tobacco – alles Konzerne, deren Aktien an der Börse gehandelt werden. Den Großteil des Tages verbringen die gleichen Kollegen damit, die Produkte großer Tech-Giganten und Börsenschwergewichte wie IBM und Microsoft zu nutzen, und sind froh darüber, dass diese ihren Alltag so sehr erleichtern. Auf dem Heimweg kaufen sie dann Chips von Kraft Heinz, die sie zusammen mit einem Bier von Anheuser-Busch vor einem Samsung-Fernseher genießen, auf dem gerade Netflix läuft, um dann nach dem stressigen Tag mit einer pflanzlichen Beruhigungspille der zum Teva-Konzern gehörenden Ratiopharm einzuschlafen – vielleicht sogar mit Stöpseln von 3M im Ohr. Am Wochenende gehen sie auf Konzerte, deren Karten sie bei CTS Eventim gekauft haben, oder planen einen Kurztrip mit der ebenfalls börsennotierten TUI AG.

Es ist also nicht nur scheinheilig, sondern auch noch zum eigenen Nachteil, zwar die Produkte besagter Firmen täglich zu nutzen, nicht aber deren Aktien zu kaufen. Würden die

---

* Zum Thema Kapitalismus möchte ich Ihnen ein hervorragendes Werk empfehlen: Rainer Zitelmann: *Kapitalismus ist nicht das Problem, sondern die Lösung. Eine Zeitreise durch fünf Kontinente*. FinanzBuch Verlag, 2018.

Börsenskeptiker Letzteres tun, würden sie nämlich jeden Tag am Erfolg der Konzerne mitverdienen. Leider überlassen sie dies hierzulande in der Mehrheit ausländischen Investoren, wie den großen Staatsfonds aus Norwegen oder aus dem arabischen Raum. Sofern Ihnen das norwegische Modell nicht bekannt ist, sollten Sie es sich einmal ansehen. Es wäre ein Vorbild für das deutsche Rentensystem.

Was aber ist der gesellschaftliche Mehrwert an einem Aktieninvestment? Geld kann man als Energie betrachten, die fließen muss, das wusste sogar mein mittlerweile leider verstorbener Religionslehrer. An dieser Stelle möchte ich noch auf etwas hinweisen, das viele Menschen überrascht. Auch sehr gläubige Personen mit hohen Moralvorstellungen legen Geld in Aktien an. Das allein sollte schon ein Grund zum Nachdenken sein für all jene, die meinen, die Aktienanlage wäre moralisch fragwürdig. Viele von Ihnen werden den weltbekannten Benediktinerpater Anselm Grün und seine millionenfach verkauften Werke kennen. Aber sicher wissen nur wenige von Ihnen, dass er auch ein großer Investor an den Kapitalmärkten ist und dort Gelder der Abtei Münsterschwarzach angelegt hat.*

Diese »Energie« fließt aber nicht, wenn das Geld auf einem Bankkonto liegt oder gar in der heimischen Matratze eingenäht ist. Wenn man es in junge Firmen steckt, unterstützt man diese dabei, die Welt durch innovative Produkte voranzubringen und für uns alle besser zu machen. Auch der Kauf von Aktien bereits etablierter Unternehmen kommt diesen – entgegen landläufigen Ansichten – zugute. Es fließt zwar kein Geld mehr direkt in die Firma, sondern dieses Geld erhält der Verkäufer der Aktie.

---

* Siehe zum Beispiel »Rendite mit Gottes Segen«, in: *Handelsblatt* vom 10.11.2012.

Dennoch wird durch die Nachfrage der Aktienpreis erhöht. Dadurch steigt die Marktkapitalisierung, das heißt der Börsenwert des Unternehmens. Dies wiederum schützt die Firma vor feindlichen Übernahmen und es ermöglicht ihr, zu besseren Konditionen neue Aktien auszugeben oder sich zu besseren Konditionen Kredite zu holen. Man fördert Innovation und schützt bestehende oder schafft sogar neue Arbeitsplätze.

Das Beste an all dem ist, dass man dies nach seinen eigenen moralischen Überzeugungen macht. Wenn ich mein Geld Banken überlasse, habe ich nicht wirklich Einblick, was damit geschieht. An der Börse habe ich die Möglichkeit, gezielt nur in das zu investieren, woran ich glaube. Ich selbst kaufe zum Beispiel keine Tabakaktien, weil in meinen Augen die Welt ohne dieses Produkt besser dran wäre. An Waffen will ich nicht unbedingt Geld verdienen, aber bei Rüstungskonzernen kann man geteilter Meinung sein. Waffen braucht man leider, und es ist aus meiner Sicht nicht unmoralisch, sie zum Beispiel für die Bundeswehr, Antiterroreinheiten oder die Polizei zu produzieren. Auch könnte man argumentieren, dass bessere Waffen weniger zivile Opfer fordern oder Kriege ganz verhindern könnten. Man denke nur an die »balance of power« im Kalten Krieg – gemeint ist das Gleichgewicht des Schreckens oder auch das Prinzip der gegenseitigen Abschreckung. Ohne dieses wäre besagter Krieg sicher nicht »kalt« geblieben. Ich möchte aber nicht unbedingt daran verdienen und kaufe demnach lieber Werte, die einen konstruktiven Beitrag zur Entwicklung leisten und die Welt vorwärtsbringen. Aber wie gesagt, hier hat jeder von uns andere Werte und Überlegungen. Und an der Börse kann jeder für seine individuellen Vorstellungen die passenden Angebote wählen.

Die Börse ist auch demokratisch. Es wird oft über die »bösen Großkonzerne« geschimpft, die angeblich viele heimische Firmen kaputt machen und nur die Interessen ihrer superreichen Eigentümer bedienen. Zuerst einmal haben diese Firmen nur Erfolg, weil die Leute ihre Produkte freiwillig kaufen und ihre Dienstleistungen gerne in Anspruch nehmen. Dabei gibt es immer auch Schattenseiten, insbesondere wenn es zu monopolartigen Stellungen kommt. Am Beispiel Amazon zeigt sich aber, dass es auch diesbezüglich regulierende Kräfte gibt. Inzwischen entstehen weltweit regionale Plattformen wie Alibaba in China, MercadoLibre in Südamerika oder Wildberries in Russland, sodass es global immer mehr Konkurrenz gibt. Gleichzeitig gehen Produzenten dazu über, ihre Waren zunehmend direkt an ihre Kunden zu liefern und den Zwischenhändler zu umgehen. Natürlich gibt es wie bei jeder Transformation »Leidtragende«, aber insgesamt ist die Entwicklung positiv. Es hat sich in der Geschichte gezeigt, dass es kein Weg sein kann, unproduktive Arbeitsplätze zu erhalten. Hätten wir das gemacht, wären wir wirtschaftlich betrachtet immer noch im Mittelalter.

Und das Schöne und eben »Demokratische« an Konzernen wie Amazon und allen anderen, die an der Börse notiert sind, ist: Jeder, wirklich jeder, kann sich schon mit etwa 25 Euro pro Monat direkt als Eigentümer am Erfolg dieser Firmen beteiligen. Ab dieser Summe bieten zahlreiche Onlinebroker nämlich gegenwärtig Aktiensparpläne an, über die man auch Bruchstücke von Aktien erwerben kann. Dies ist bei nicht börsennotierten Unternehmen anders. Hier verdient unter Umständen nur ein unbekannter Millionär, dem die Firma gehört. So wie es jedem Menschen gestattet ist, den Wald zu betreten, ist auch die Börse für jeden offen. Nutzen Sie diese Chance.

TEIL 2

WAS MAN VOM WALD FÜR DIE BÖRSE LERNEN KANN

Jetzt möchte ich zum eigentlichen Thema kommen. Ich werde immer wieder zwischen dem Wald und der Börse hin- und herspringen und versuchen, Ihnen die Analogien beider Welten deutlich zu machen. Ich hoffe, in diesem Zuge auch manche Vorurteile geraderücken zu können und Sie entweder für das eine oder das andere und im besten Falle für beides begeistern zu können.

KAPITEL 3

ÖKONOMIE UND ÖKOLOGIE SIND KEIN WIDERSPRUCH

WARUM ES AUCH DER NATUR NÜTZT, WENN MAN MIT IHR GELD VERDIENT

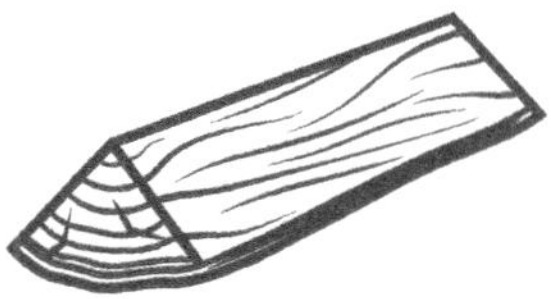

Wer Leserbriefe oder Debatten in den Social-Media-Kanälen verfolgt, stößt dort zunehmend auf die Tendenz, das Fällen von Bäumen als etwas grundsätzlich Schlechtes zu werten. Ich hatte bereits erwähnt, dass viele Teilnehmer meiner Waldführungen zu Beginn die gleiche Meinung vertreten, diese dann häufig aber im Lauf der Führung ändern.

Bei einem Vortrag im Tegernseer Tal, zu dem sich wohlhabende Menschen aus ganz Europa einfanden, stellte ich ein Wegebauprojekt vor, das die Bewirtschaftung bisher unzugänglicher Schutzwaldlagen ermöglichen sollte. Da hier sehr viele intelligente Leute aus verschiedensten Teilen Deutschlands sowie auch interessierte Einheimische teilnahmen, ist es ein gutes Beispiel für die Debatte und die Einstellungen von Meinungsführern. Wegebauprojekte, insbesondere in unseren Bergwäldern, werden sehr hoch aus Steuermitteln gefördert. Die Bewirtschaftung der Wälder hat nämlich bezogen auf alle Waldfunktionen ausgesprochen positive Auswirkungen und liegt somit im öffentlichen Interesse.

Doch beginnen wir mit dem Offensichtlichsten: der wirtschaftlichen Nutzung von Holz, also der Nutzfunktion. Diese wird als »Ausbeutung der Natur« betrachtet und auf jener Veranstaltung sagte man mir, wir sollten dem Waldeigentümer lieber Geld geben, damit er auf den Wegebau verzichtet. Ich bat die Zuhörer daraufhin, sich im Raum umzuschauen und zu überlegen, was alles aus Holz gefertigt wurde. Neben den Stühlen und Tischen waren es der Bodenbelag, die Fensterrahmen, das Podium, auf dem ich stand, sowie große Teile des Gebäudes selbst. Ich bat die Anwesenden dann, sich zu vergegenwärtigen, was in ihrem privaten Haushalt aus Holz gemacht ist. Es war eine Menge.

Es gibt jetzt zwei Möglichkeiten. Man könnte alle diese Gegenstände aus anderen Materialien herstellen, zum Beispiel aus Kunststoffen oder Stein und Beton. Die Gewinnung und die Produktion dieser Rohstoffe haben aber erhebliche Umwelteffekte. Zudem müssen diese Rohstoffe teils um die halbe Welt transportiert werden. Die Alternative wäre, das benötigte Holz nicht bei uns zu ernten, sondern aus anderen Teilen der Welt zu holen. Wie ich bereits dargestellt habe, ist Deutschland ein Weltmeister in der nachhaltigen Holzerzeugung. Auf diese anderen Regionen der Welt trifft das nicht zu. Man würde das Problem (sofern es eines ist) also nur verlagern. Da aber zum Beispiel Tropenwälder durch das dortige Klima tief verwitterte

Böden haben, die sehr empfindlich reagieren, wenn man Biomasse entzieht, und da die großen borealen Nadelwälder etwa in Sibirien sehr langsam wachsen und dort ebenfalls nicht unbedingt nachhaltig gewirtschaftet wird, ist es wohl doch das Beste, wenn wir unser eigenes Holz nutzen.

Das Genialste an der Forstwirtschaft ist die vorbildliche Verbindung von Ökologie und Ökonomie. Das, was heute viele Unternehmen versuchen und was auf der politischen Agenda ganz oben steht, praktizieren Forstleute schon seit Jahrhunderten. Sie sind die Schöpfer des Begriffs der Nachhaltigkeit und widerlegen die Ansicht, dass Profit immer zulasten der Natur ginge. Das macht Förster auch interessant für verschiedenste Arbeitgeber und insbesondere für Unternehmensberatungen. Das, was den Kern ihrer Arbeit ausmacht, nämlich die Holzernte, ist die Basis einer wichtigen Industrie. Diese schafft viele Arbeitsplätze, vor allem im ländlichen Raum, dessen Entwicklung ja zu den großen politischen Zielen unserer Zeit gehört. Die Forstwirtschaft erzeugt einen nachwachsenden Rohstoff, der regional gewonnen wird und in einer schier endlosen Vielfalt weiter genutzt werden kann. Neben der stofflichen Nutzung, also klassischerweise dem Bau- und Konstruktionsbereich, kann Holz auch zum Heizen verwendet werden: entweder als klassisches Scheitholz für den privaten Kachelofen oder als Hackschnitzel oder Holzpellets in Anlagen, die ganze Stadtteile mit Energie versorgen.

Ein ganz neues Feld, das derzeit höchste Beachtung erfährt, ist die Bioökonomie. Holz ist hier als wichtiger Grundstoff Objekt zahlreicher Studien, die sich mit seinem Einsatz in der chemischen Industrie befassen. Holz und seine Inhaltsstoffe können sogar gegessen werden. So wird der Zuckeraustauschstoff

Xylit aus Holz gewonnen. (Das griechische Wort für Holz lautet »Xylem«.) Auch Erdöl ist ein vielseitig einsetzbarer Rohstoff, er ist jedoch anders als Holz nicht regenerierbar, zumindest nicht in für den Menschen relevanten Zeiträumen. Der ökologische Fußabdruck eines Erdölproduktes wird durch die fehlende Regenerierbarkeit schon mal verringert.

Es gibt noch einen weiteren ökologischen Pluspunkt, der Holz nahezu einmalig macht. Holz kann als Kohlenstoffdioxidsenke dienen, allerdings nur, wenn es geerntet und verbaut wird. Ein Baum entzieht während seines Wachstums der Luft Kohlenstoffdioxid (CO_2) und verbaut den darin enthaltenen Kohlenstoff (C) in Form komplexerer chemischer Verbindungen in seinen Nadeln, Blättern, Ästen, Zweigen, im Stamm und in der Wurzel. Dabei wird Sauerstoff (O_2) frei, den der Baum an die Luft abgibt. Wenn der Baum abstirbt und verrottet, dann wird der gespeicherte und verbaute Kohlenstoff jedoch wieder an die Atmosphäre abgegeben und verbindet sich mit dem Sauerstoff in der Luft zu CO_2.

Ein Naturwald ist hier in einem Gleichgewicht: Während seines Lebens entzieht er der Luft so viel CO_2 beziehungsweise bindet er so viel Kohlenstoff, wie er bei seinem Absterben wieder in die Luft entlässt. Wenn der Baum jedoch verbaut wird, zum Beispiel in einem Holzhaus, dann bleibt der Kohlenstoff in diesem Haus gespeichert. An dem Platz im Wald, wo der Stamm entnommen wurde, kann ein junges Bäumchen nachwachsen, das wiederum neues Kohlenstoffdioxid der Luft entzieht und den darin enthaltenen Kohlenstoff speichert. Holz zu nutzen, ist also aktiver Klimaschutz, und zwar auch dann, wenn es verbrannt wird, wie in den vielerorts aus dem Boden geschossenen Hackschnitzelheizwerken. Natürlich wird auch dabei Kohlenstoffdioxid in die Luft geblasen, aber eben nur jenes, das der Baum zuvor während seines Wachstums über den Prozess der Photosynthese gebunden hat. Es ist ein geschlossener Kreislauf, und dies ist der Unterschied zu fossilen Energieträgern, also zu der in Deutschland leider immer noch stark eingesetzten Braun- und Steinkohle sowie zu Erdgas und Erdöl, die die Treibhausgaskonzentration in der Atmosphäre kontinuierlich erhöhen.

Wir sehen also, dass Rohstoffnutzung mit der Absicht, einen Gewinn für den Waldbesitzer zu generieren, einen ökologischen Mehrwert hat. Die Geschichte ist damit aber noch nicht zu Ende erzählt. Auch das Ökosystem Wald profitiert von der Holzernte. In jüngeren Beständen wird diese als »Waldpflege« bezeichnet. Junge Bäume wachsen sehr dicht auf und konkurrieren dabei um Nährstoffe, Licht und Wasser. Diesen Prozess kann man lenken. Durch die sogenannte Mischwuchsregulierung werden Baumarten unterstützt, die nicht so konkurrenzstark sind oder nur in geringer Anzahl vorkommen. Es ist im Waldbau wie in der Kindererziehung: Was in der Jugend versäumt wurde, das kann später nur schwer oder gar nicht mehr aufgeholt werden. Ein weiterer Vorteil von frühen Eingriffen ist, dass sie noch sehr kostengünstig sind. Die begrenzten Ressourcen sollen auf qualitativ hochwertige und vitale Einzelbäume gelenkt werden.

Im Wald lassen sich das Streben nach Profit und das Verfolgen von ökologischen Zielen also sehr gut vereinen, ja manchmal gibt es sogar Synergieeffekte. Wie aber sieht es in der Wirtschaft aus? Besonders den börsennotierten Konzernen wird häufig vorgeworfen, sie würden nur auf den nächsten Quartalsbericht schauen und um jeden Preis den kurzfristigen Erfolg wollen. Umweltschutz und Arbeitnehmerrechte blieben dabei auf der Strecke und der Erfolg der Unternehmen stünde in direkter Korrelation zum ökologischen Fußabdruck. In der Tat nahmen die Verschmutzung der Gewässer, der Landverbrauch und das Artensterben mit der wirtschaftlichen Entwicklung rasant zu. Mit den auslaufenden Siebzigerjahren aber wurden diese Probleme augenscheinlich, und allmählich setzte ein Umdenken ein.

Sicher war es ein Verdienst von Bündnis 90/Die Grünen, dass sich so etwas wie »Umweltpolitik« und staatlicher Naturschutz etablierten. Heute haben alle Parteien den Umweltschutz als Agenda in ihren Wahlprogrammen. Daher können wir seit Kurzem auch bei vielen Handlungsfeldern eine sehr positive Entwicklung beobachten. Wenn man sich die Gewässerbelastung des Rheins und anderer Flüsse ansieht, so war diese vor fünfzig Jahren im roten Bereich. Heute kehrt der Lachs zurück, und der Bodensee hat Trinkwasserqualität. Das Waldsterben wurde ebenfalls technisch gelöst. Durch politischen Druck mussten effiziente Rauchgasfilter eingebaut werden, die das aus den Industrieanlagen emittierte Schwefeldioxid zurückhielten. Die Luft wurde dadurch sauberer, und die Schäden an den Blättern gingen zurück. Und auch die Ozonschicht konnten wir retten, indem der Ausstoß von Fluorkohlenwasserstoffen (FCKW) reduziert wurde.

All diese Entwicklungen wurden durch die Ideen und die Kreativität kluger Ingenieure gelöst. Konzerne, die keine Lösungen fanden, hatten einen Wettbewerbsnachteil oder konnten strengere gesetzliche Auflagen nicht mehr erfüllen. Diese Weiterentwicklungen aber sind zugleich ökonomische Verbesserungen. Heute sind Rohstoffe in vielen Bereichen so umkämpft, dass Konzerne gut daran tun, in effizientes Recycling und in Ressourcen schonende Produktionsverfahren zu investieren. Neben dem Anspruch der Gesellschaft, dessen Missachtung zu möglichen Boykotten und hohen Strafzahlungen führen kann, ist es ja im eigenen Interesse, Ressourcen effizient einzusetzen. Wer Lösungen für Umweltprobleme bietet, der macht auch einen Gewinn. Im Bereich der Bioökonomie wurden hier große Fortschritte erzielt, was einer der Gründe dafür ist, dass der Lachs wieder im Rhein schwimmen kann. Putz- und Waschmittel enthalten heute zum Großteil biologisch abbaubare Substanzen, die aus nachwachsenden Rohstoffen gewonnen werden.

An dieser Stelle müssen wir uns auch mit der These befassen, es gäbe kein unendliches Wachstum, weshalb das Wachstumsstreben in der Wirtschaft zu kritisieren sei. Warum ist das von so großer Bedeutung? Zum einen muss die Produktion von Dienstleistungen und Gütern gesteigert werden, wenn man den Status quo für eine wachsende Weltbevölkerung aufrechterhalten möchte. Zum anderen gibt es immer noch viele Menschen, die in Armut leben. Sofern man also nicht größere Umverteilungen durchführt, muss die Produktion gesteigert werden, um auch den Ärmsten einen höheren Lebensstandard zu ermöglichen. Für die Unternehmen hat dies auch eine strategische Dimension, denn wenn sie im Verhältnis zu ihren Wettbewerbern kleiner werden, besteht die Gefahr, von diesen verdrängt zu werden. Das sieht man unter anderem an den Supermärkten, die mancherorts wie Pilze aus dem Boden schießen. Da fragt man sich zu Recht, ob in vielen betroffenen Kleinstädten überhaupt genügend potenzielle Kunden wohnen und ob sich die Investition rentiert. Es geht hier oft schlichtweg um die Sicherung von Marktanteilen gegenüber dem Wettbewerber. Leider wird dabei der Boden, der eine der wichtigsten natürlichen Ressourcen überhaupt ist, versiegelt. Hieran zeigt sich tatsächlich eine negative Seite des Wachstumsstrebens in der Wirtschaft.

Natürlich ist eine gesteigerte Produktion auch immer mit einem steigenden Bedarf an Rohstoffen verbunden, und diese werden vielfach in Ländern mit niedrigen Umweltstandards unter ökologisch und sozial verheerenden Bedingungen gewonnen.

Die Medaille hat also zwei Seiten. Die Wachstumskritiker betrachten nur die eine. Für uns als Aktionäre wäre Wachstum auch nicht unbedingt erforderlich. Wenn ich Anteile an einem Unternehmen halte, das ein stabiles Geschäftsmodell hat und regelmäßig hohe Dividenden ausschüttet, so wäre dies selbst dann eine gute Investition, wenn der Kurs gleich bleiben würde. Auch bei einer Mietwohnung, die viele Deutsche als gutes Investment betrachten, habe ich ja nur die monatlichen Mieteinnahmen, die allenfalls inflationsbedingt leicht steigen. Aber aus den oben genannten Gründen liegt es im gesellschaftlichen Interesse, dass Firmen wachsen.

Ein völlig unproblematisches Wachstum ist das »qualitative« Wachstum. Wenn etwa Apple durch bessere Technologien weniger seltene Erden für ein iPhone benötigt, so wird ein ökonomischer Gewinn mit einem ökologischen Benefit verbunden. Gerade in den Bereichen Recycling und Rohstoffeinsparung sind enorme Entwicklungen im Gange, was angesichts steigender Rohstoffpreise und verschärfter Gesetze im Eigeninteresse der Wirtschaft liegt. Auch das quantitative Wachstum entkoppelt sich durch diese Entwicklungen immer mehr von den negativen Auswirkungen und wird ökologischer. Diese Entwicklungen sind auch im Investmentbereich ein großes Thema, was ich später noch eingehend darstellen werde.

Unsere Wälder sind ebenfalls das Ergebnis von Wachstum – hier allerdings über Millionen von Jahren, in denen die Natur »gewachsen« ist. Die Entwicklung vom aquatischen Einzeller zu hochkomplexen Ökosystemen und hundert Meter hohen Bäumen ist der Evolution geschuldet, die man als qualitatives Wachstum bezeichnen kann. Auch quantitativ wächst alles in der Natur. Jede Art versucht, freie Ressourcen, seien es Lebensräume oder Nahrung, sofort zu besetzen und zu nutzen.

Ich möchte einige Beispiele nennen, die ich pauschaler Wachstumskritik entgegenhalte. Ich habe sehr viele Biotechnologieunternehmen in meinem Depot. Würde ich fordern, dass wir das Wachstum zurückfahren, dann hieße das, dass viele Menschen weiter leiden würden. Diese Unternehmen würden dann nämlich keine neuen Medikamente gegen schwere Krankheiten mehr entwickeln. Man müsste auch die Universitäten schließen und jeden Forschungsetat radikal streichen. Denn wenn geforscht wird und neue Technologien entwickelt werden, dann führt das zu qualitativem Wachstum.

Schon seit geraumer Zeit investiere ich in einen »Wasserfonds«, in dem Unternehmen enthalten sind, die Infrastruktur für Bewässerungsanlagen, Meerwasserentsalzungsanlagen und hochmoderne Kläranlagen bauen. Es ist eines der Ziele der Vereinten Nationen (UN), allen Menschen Zugang zu sauberem Trinkwasser zu ermöglichen. Wenn also mein Fonds nicht mehr quantitativ wachsen dürfte, dann hieße das im Umkehrschluss, dass die enthaltenen Unternehmen nicht mehr an der Lösung dieses Problems für alle Weltregionen arbeiten dürften. Sie dürften nur die bereits etablierten Anlagen weiter betreiben.

Auch müsste jeder von uns aufhören, zu arbeiten und fleißig zu sein, denn dadurch wird ja auch jeden Tag zusätzliches Wachstum generiert. Ich habe aber noch keinen »Wachstumskritiker« getroffen, der je solche Forderungen aufgestellt hätte. Das zeigt, dass der Punkt nicht zu Ende gedacht wird. In diesem Zusammenhang hat es mich sehr amüsiert, dass ausgerechnet diejenigen, die von Negativwachstum und unserem angeblich viel zu hohen Wohlstand sprachen, sich im März 2020 kurz nach dem Beginn des ersten Corona-Lockdowns um Toilettenpapier prügelten. So viel dazu, wie viel Negativwachstum unsere Gesellschaft aushalten würde.

So wie sich unsere Waldökosysteme ständig weiterentwickeln und im Laufe der Evolution immer komplexer und besser werden, wird auch unsere Wirtschaft ressourceneffizienter. Zudem trägt sie zur Lösung von Umweltproblemen bei. Wenn durch hochmoderne Informationstechnologie ein Auto sofort einen Parkplatz findet und Staus vermieden werden, hilft dies der Umwelt genauso wie der Einsatz von Drohnen zur punktgenauen Applikation von Dünge- oder Schädlingsvernichtungsmitteln in der Landwirtschaft. Die Entwicklung der grünen Technologien versorgt uns mit immer saubererem Strom, und die Elektromobilität sorgt für sinkende Feinstaubwerte.

Auch das letzte Argument, die neue Technologie wäre nur etwas für die Superreichen der Gesellschaft, lässt sich schnell entkräften. Zum einen werden bei dem Argument die externen Effekte der herkömmlichen Technologie ausgeblendet, also die Schäden, für deren Folgen die Allgemeinheit und damit auch der Steuerzahler aufzukommen hat. Zum anderen kann man an jedem neuen Produkt sehen, dass es zu Beginn sehr teuer ist und dann für die breite Masse erschwinglich wird. Wenn ich an den Kaufpreis meines ersten Computers im Jahr 1994 denke und ihn mit den heutigen Angeboten beim Discounter vergleiche, so ist dies das beste Beispiel. Abgesehen davon ist die Technologie auch um ein Tausendfaches effizienter geworden.

Mein Engagement an den Börsen der Welt hat mich dazu gebracht, mich mit der Vielzahl der Unternehmen zu beschäftigen, die täglich an der Lösung von Problemen arbeiten, die uns alle etwas angehen. Beispiele hierfür aus der Vergangenheit sind die Erfindung von Haushaltsgeräten wie der Waschmaschine oder Verbesserungen im Transportwesen wie das Auto. Durch Smartphones wurde die Kommunikation revolutioniert. Musste man früher für einen Anruf von Italien nach Deutschland jedes Wort abwägen, kann man heute kostenfrei per Videotelefonie stundenlang mit Freunden in Neuseeland sprechen. Im Bereich der Software erleben wir ebenfalls eine ständige Verbesserung. Musste man zu Beginn der Neunzigerjahre noch ein Grundstudium in Informatik absolviert haben, um einen Computer bedienen zu können, so ist dies durch kontinuierliche Verbesserungen der Software heute selbst meiner Mutter möglich. Besonders offensichtlich wird es im Bereich der Biotechnologie und Pharmazie. Das jüngste Beispiel ist die Entwicklung eines Covid-19-Impfstoffes, der an der Börse zu starken Kursentwicklungen von Unternehmen wie Biontech und Co geführt hat. Wirtschaftlicher Erfolg führt dabei zu einer Verbesserung der Lebensumstände der Menschen, zu weniger Umweltverschmutzung und Ähnlichem.

Natürlich gibt es auch Gegenbeispiele, aber die entsprechenden Unternehmen wirtschaften eben nicht nachhaltig und werden auf Dauer auch weniger Ertrag generieren, ähnlich wie ein Wald, der im Kahlschlagverfahren bewirtschaftet wird. Das sind zumindest in meinen Augen Tabakkonzerne, denn sie schädigen die Gesundheit ihrer Kunden und belasten damit auch die Gesundheitssysteme. Das hat über Jahrzehnte zwar gut funktioniert, geht jetzt aber durch neue Gesetze und aufgeklärte Verbraucher seinem Ende entgegen. Auch die klassischen Ölproduzenten werden scheitern, wenn sie sich nicht weiterentwickeln und ihr Geschäftsmodell umstellen. Fischereiunternehmen, die die Bestände überfischen und damit ausrotten, werden über kurz oder lang keine Produkte mehr verkaufen können. Die Gesellschaft schaut mehr denn je auf die Nachhaltigkeit, und immer mehr Fonds investieren nur noch in Unternehmen, die hierbei eine Vorbildfunktion einnehmen.

Das Beispiel der Forstwirtschaft zeigt, dass es eine perfekte Verbindung von Ökonomie und Ökologie gibt. Da dies auch in der Wirtschaft immer wichtiger wird, um auf Dauer bestehen zu können, sollte man die Augen nach Unternehmen offenhalten, die diese Verbindung möglichst optimal leben. Man tut damit nicht nur etwas Gutes für das eigene Karma, sondern auch für seine Finanzen.

KAPITEL 4

LANGFRISTIGES HANDELN

WESHALB MAN NICHT IN QUARTALEN, SONDERN IN JAHRZEHNTEN DENKEN SOLLTE

Ein Landwirt hat es relativ leicht. Er kann jedes Jahr neu entscheiden, welche Getreide- oder Gemüsesorten er aussäen möchte oder ob er sein Betriebskonzept völlig umstellt und Weinbergschnecken oder Strauße züchtet. Ich weiß, dass dies sehr pauschal dargestellt ist und dass Landwirte es heutzutage wirklich nicht leicht haben. Ich bitte daher um Verzeihung für diese Aussage. Für den Punkt, den ich machen möchte, ist der Vergleich jedoch treffend gewählt. Die Forstwirtschaft hat es hier nämlich sehr viel schwerer. Abgesehen von Schnellwuchsplantagen, die streng genommen keine Waldflächen sind, ist jede getroffene Entscheidung eine Bindung für die nächsten hundert Jahre – mindestens. Die Bäume, die gepflanzt werden, stehen dort für viele Jahrzehnte. In der Regel wird es erst die übernächste Generation sein, die sie ernten kann, so wie wir heute von den getroffenen Entscheidungen unserer Vorfahren abhängig sind und jene Bäume ernten, die sie als Sämlinge eingebracht haben, und zwar ebenfalls bereits in dem Wissen, dass deren Entwicklung ihr eigenes Leben überdauern würde.

Beim Waldbau ist das langfristige Denken sehr naheliegend, und auch hier finden wir eine Parallele zur Börse. Ein Kardinalfehler, den viele Börsenneulinge machen, besteht darin, Geld anzulegen, auf das sie nicht mindestens zehn, besser zwanzig Jahre verzichten können. Nach allen Studien, die es hierzu gibt, sind Aktien die sicherste Geldanlage überhaupt. Sie sind zudem im Vergleich zu Immobilien, bei denen man weit mehr Wissen und vor allem viel höheres Kapital braucht, auch wirklich jedem zugänglich. Es ist nur wichtig, einige Grundregeln zu beachten, und eine davon ist der langfristige Horizont. Nicht das schnelle Trading (also der kurzfristige Kauf und Verkauf von Aktien) bringt Geld, denn das beherrschen wirklich nur sehr wenige. Es kommt vielmehr auf die Auswahl einiger solider Aktien an, die man am besten seinen Kindern vererbt. Schon Warren Buffett hat einmal treffend auf die Frage nach seiner bevorzugten Haltedauer geantwortet: »Forever.«

Hier jedoch machen viele Anleger entscheidende Fehler und fallen damit auf die Nase. Ich selbst kenne Leute, die den Großteil ihrer liquiden Mittel auf einen Schlag an der Börse angelegt hatten und dann im Crash des neuen Marktes zu Beginn der Nullerjahre verkaufen mussten. Sie gingen nämlich in Rente und benötigten das Geld, um eine Immobilie als Alterssitz zu erwerben – und sie mussten immense Verluste realisieren. Hätten sie einige Jahre später verkauft, dann hätte sich ihr Kapital vervielfacht. Natürlich machen sie für diese eine sehr schlechte Erfahrung die Börse verantwortlich und betrachten deshalb Aktien jetzt als hoch riskant.

André Kostolany sagte einst, man solle Aktien kaufen, in den Safe legen und Schlaftabletten nehmen. Dies ist ein wichtiger Rat, gerade heute, da man den ganzen Tag mit den Apps der Onlinebroker das Auf und Ab der Kurse im privaten Depot verfolgen kann. Da fällt es schwer, nicht nervös zu werden, wenn die angezeigten Kurse sich rot verfärben als Zeichen dafür, dass sie fallen. Letzten Endes haben sich die Märkte und die Weltwirtschaft aber immer wieder erholt. Das ist auch logisch, denn die Menschen leben ja weiter mit all ihren Bedürfnissen und dem steten Wunsch nach Verbesserung ihrer Lebenssituation.

Meine Mutter war im März 2020 während des Corona-Crashs voller Sorge, da sie wusste, dass fast mein komplettes Vermögen in Aktien steckt. (Anmerkung: Unsere Immobilie haben wir bei den derzeit günstigen Zinsen fast komplett fremdfinanziert. Daher rechne ich sie nicht zu meinem Vermögen, denn sie gehört ja überwiegend der Bank – zumindest faktisch.) Die Reporter im Fernsehen überboten sich in Schwarzmalerei. Sie meinten, jetzt würden alle Aktien wertlos und ich solle doch noch schnell die Reste meines wie Schnee in der Sahara dahinschmelzenden Depots verkaufen.

Hier hilft es, sich vor Augen zu führen, was eine Aktie ist. Das mag banal klingen, aber es scheint vielen Menschen nicht bewusst zu sein. Eine Aktie verbrieft den Anteil an einem Unternehmen. Man wird Miteigentümer daran. Dieses Unternehmen hat Gebäude, Maschinen, Patente, Personal und einen Geschäftsbetrieb. Niemand käme auf die Idee, auf eine Bewerbung bei einem großen Konzern zu verzichten aus Angst, er könnte von heute auf morgen verschwinden. Ich fragte meine Mutter dann, ob sie denke, dass durch Corona niemand mehr etwas konsumieren würde, oder ob sie glaube, die Leute würden aufhören, fernzusehen oder am Computer zu arbeiten, Zeitschriften zu lesen oder sich Kleidung zu kaufen, ihre Autos zu betanken oder in den Urlaub zu fahren. Oft hilft der Blick in die Geschichte, auch wenn an der Börse vor allem die Zukunft gehandelt wird. Viele große Konzerne waren schon vor dem Ersten Weltkrieg da und existieren immer noch nach dem Zweiten Weltkrieg. Die Menschheit entwickelt sich stetig weiter und der Wohlstand sowie die Weltbevölkerung sind stets dabei, zu wachsen. Logischerweise geht es immer weiter nach oben.

KAPITEL 5

REGELMÄSSIGES UND BEDACHTES HANDELN

WARUM MAN IM WALD HÄUFIG UND SCHWACH EINGREIFEN UND AN DER BÖRSE JEDEN MONAT GELD ZURÜCKLEGEN SOLLTE

»Hin und her macht Taschen leer« ist ein sehr bekanntes Börsensprichwort. Dennoch neigen vor allem Anfänger dazu, zu viel in zu kurzer Zeit erreichen zu wollen. Sie kaufen vorschnell Aktien, weil sie in einer Zeitung gelesen haben, dass deren Kurse bestimmt bald steigen, und verkaufen dieselben Aktien wieder, sobald die Kurse ein bisschen gefallen sind. Bei jeder Kauf- und Verkaufsorder fallen Transaktionskosten an, also Börsen- und Depotbankgebühren. Oft werden Verluste realisiert oder Gewinne viel zu früh abgeschöpft.

Im Waldbau ist es fatal, wenn man zu oft die Zielrichtung wechselt und bei jedem Eingriff andere Bäume fördert, indem man diejenigen Konkurrenten fällt, die ihnen zu nahe stehen und ihre Krone einengen. Auch sind regelmäßige schwache Holzernten wenigen starken vorzuziehen. Ist das Kronendach allzu sehr aufgerissen, schafft man Angriffsflächen für Stürme, und in der Folge kommt es zu Windwürfen und Schädlingsbefall mit teils verheerenden Folgen. Viel besser ist es, wenn man alle paar Jahre mit Bedacht vorsichtig wenige Bäume erntet. Die Kronen der freigestellten Bäume haben dann mehr Zeit, sich anzupassen. Bei einer Umtriebszeit von mindestens einhundert Jahren kann man sich durchaus die nötige Zeit nehmen. Es besteht keine Notwendigkeit, schnell zu handeln – das Gleiche gilt bei einem Depot, das man für die Rente anspart und im besten Fall den eigenen Kindern vererben wird.

Gar nichts zu machen, ist aber weder im Wald noch an der Börse eine gute Option. Die Bedeutung regelmäßiger Waldpflege für eine gesunde Bestandsentwicklung habe ich Ihnen schon vor Augen geführt. Waldpflege hat zudem einen monetären Aspekt. Der Zuwachs wird auf qualitativ hochwertige Stämme gelenkt und die produzierte Biomasse wird somit insgesamt wertvoller. Durch die als Vornutzung bezeichnete Ernte von noch jüngeren Bäumen wird darüber hinaus schon ein Ertrag generiert.

Mein Ausbildungsförster beschrieb es gerne anhand eines Bildes. Er sagte den Waldbauern, sie sollten den Baum vom Wald auf ihr Konto verpflanzen. Damit meinte er, dass sie einen hiebsreifen Baum ernten und verkaufen und das Geld auf das Sparbuch legen sollten, wo es – zumindest in jener Zeit – Zinserträge generiert. Im Wald ist Platz für neue Bäume geschaffen worden, an denen wieder wertvolles Holz zuwächst. Die Waldbauern verdienen dann doppelt, und sie haben den Wald gepflegt.

So wie man im Wald qualitativ schlechte Bäume entnimmt, kann man auch an der Börse den ein oder anderen Wert verkaufen, der sich nicht wie gewünscht entwickelt oder dessen Geschäftsmodell überholt ist. Wie man im Waldbau dadurch die Ressourcen auf die guten Stämme lenkt, so kann man das Geld im Depot besser in die erfolgreichen Aktien investieren. Auch hierbei gilt jedoch der Grundsatz, nicht zu häufig hin und her zu wechseln, sondern der eigenen Strategie treu zu bleiben.

Aus verschiedenen Gründen ist es sehr wichtig, dass man regelmäßig Geld anlegt. Hierfür gibt es heute sehr gute Angebote bei nahezu allen Depotbanken (Brokern) in Form von Sparplänen auf einzelne Aktien oder besser ETFs, also börsennotierten Fonds, die einen Aktienindex wie den DAX abbilden. Ein Vorteil der regelmäßigen Anlage ist das Ausnutzen des *Cost-Average-Effektes*. Da ich nie weiß, ob eine Aktie in einem Monat oder in einem Jahr vielleicht deutlich billiger notiert als heute, könnte ich geneigt sein, auf derartige Rückgänge zu spekulieren. Die Aktie könnte aber auch 30 Prozent teurer notieren und in diesem Fall hätte ich auf eine gigantische Rendite verzichtet. Bevor man sich mit derartigen Überlegungen quält, investiert man einfach regelmäßig die gleiche Summe Geld in die gewünschte Aktie. Wenn die Aktie billig ist, so erhält man in dem Monat mehr Anteile als in einem Monat, in dem sie hoch bewertet wird. Somit kauft man im langfristigen Durchschnitt zu einem günstigen Preis. Da man sowieso nie den optimalen Zeitpunkt erwischt, ist diese Lösung ein guter Kompromiss.

Ein weiterer Vorteil ist das disziplinierte Sparen. Eine feste Rate, die zu Beginn des Monats abgebucht wird, steht nicht mehr für Konsumzwecke zur Verfügung. Man ist nicht versucht, das gesamte Gehalt auszugeben und den Kauf von Aktien auf den nächsten Monat zu verschieben. Diesen Vorteil hatten in einer Zeit, als sie sich noch lohnten, auch die berühmten Bausparverträge. Man musste schon vor der Aufnahme des Kredites regelmäßig die monatliche Rate abführen und konnte so trainieren, mit dem übrigen Geld auszukommen.

Auch Konzerne erkennen zunehmend die Vorteile von regelmäßigen Cashflows, sprich Geldflüssen. Im Gegensatz zu früher versucht man nicht mehr, den Kunden ein in sich abgeschlossenes Produkt zu verkaufen, sondern ein Abomodell. Früher konnte man Software wie Microsoft Office als Paket kaufen und dann, zumindest in der Theorie, unbegrenzt nutzen. Heute muss man sie als jährliche Lizenz erwerben. Der regelmäßige Zahlungsstrom schafft konstante Einnahmen und langfristig höhere Erträge.

Das Sprichwort »Steter Tropfen höhlt den Stein« gilt im Waldbau wie beim Investieren an der Börse. Dabei sollte man seiner Grundstrategie im Wesentlichen treu bleiben. Im Wald muss man hin und wieder Maßnahmen durchführen, um die Zielbäume zu fördern. Gleichermaßen sollte man von seinem Gehalt konsequent monatlich etwas in das Depot fließen lassen. Es wird zwar lange dauern, aber viele kleine Schritte führen eher zum Ziel als ein Sprint, bei dem einem die Puste ausgeht.

KAPITEL 6

INTERESSE AM EIGENTUM

WÄLDER SOLLTE MAN NICHT SICH SELBST ÜBERLASSEN UND GELD NICHT AUF DEM KONTO PARKEN

Bei meinen Waldführungen frage ich die Teilnehmer oft, ob sie denn wüssten, wem der Wald gehört. Viele machen sich hierüber dann zum ersten Mal in ihrem Leben Gedanken. Da sich die Menschen im Wald frei fühlen, aber in Deutschland ja nichts herrenlos sein kann (tatsächlich gibt es hier aber sehr wohl herrenlose Dinge, zum Beispiel unsere bejagbaren Wildtiere), kommt als Antwort häufig: »Dem Staat.« Tatsächlich ist der Staat in Deutschland ein großer Waldeigentümer, wobei dem Bund dabei nur sehr wenig zufällt. Im Bundeseigentum stehen im Wesentlichen nur die großen Truppenübungsplätze der Bundeswehr und der alliierten Streitkräfte, die von den Bundesförstern betreut werden. Weit größere Flächen werden von den Ländern betreut. So macht das Eigentum des Freistaats Bayern gut ein Drittel an der gesamten bayerischen Waldfläche von knapp 2,6 Millionen Hektar aus. Da Bayern das waldreichste Bundesland ist, sind die den Wald betreuenden Bayerischen Staatsforste einer der größten Forstbetriebe Europas. Doch nicht nur der Staat besitzt Wald, auch viele Kommunen und die Kirche sind Eigentümer großer Waldflächen.

Der mit Abstand größte Anteil entfällt aber auf private Waldbesitzer. Deren Zahl ist weit größer, als man denken würde. Und genau in dieser Vielfalt liegt eine immense Stärke. Denn jedes dieser Millionen Individuen – ja, allein in Deutschland gibt es etwa zwei Millionen private und kommunale Waldeigentümer – hat eine etwas andere Herangehensweise, und daraus resultiert eine unglaubliche Vielfalt. Es ist egal, wenn ein Einzelner Kahlschläge betreibt oder seinen eigenen Wald unberührt lässt, denn der Großteil der Waldbesitzer handelt sehr verantwortungsvoll. Es galt einst wie heute im Bauernstand das Credo, man solle den Wald in mindestens so gutem, wenn nicht sogar in etwas besserem Zustand an den Nachwuchs übergeben, wie man ihn selbst von seinen Vorfahren übernommen hat. Privates Eigentum ist gut, das gilt sowohl beim Wald wie auch in der Wirtschaft.

Hierfür ist auch das kleine Bundesland Vorarlberg in Österreich ein gutes Beispiel. Es ist ein Unikum, dass es in dieser Region ausschließlich Wälder gibt, die im Eigentum von Privatleuten und Gemeinden stehen. Interessanterweise hat Vorarlberg aber auch die vielfältigsten und naturnächsten Wälder von ganz Österreich. Neben der großen geografischen Vielfalt mit den unterschiedlichsten Wuchsbedingungen von den Rheinauen bis zur Waldgrenze im Hochgebirge ist auch die Vielfalt der im Eigeninteresse gelegenen nachhaltigen kleinflächigen Bewirtschaftung hierfür ausschlaggebend.

Ein sehr großes Problem, übrigens in ganz Europa, ist die zunehmende Urbanisierung. Es gibt seit Jahrzehnten ein Bauernhofsterben. Viele Menschen erben somit Wälder, an deren Bewirtschaftung sie als Städter kein Interesse haben. Häufig sind die Eigentümer nicht vor Ort. Es geht sogar so weit, dass manche nicht einmal wissen, wo ihr Wald liegt, oder gar, dass sie überhaupt einen besitzen. Vor vielen Jahren musste ich, um eine Zustimmung für ein Forstwegeprojekt zu erhalten, lange mit einer älteren Dame telefonieren, die zwanzig Jahre zuvor in die USA emigriert war und ihren Wald quasi herrenlos zurückgelassen hatte. Die Forstverwaltungen unternehmen sehr große Anstrengungen, um bei den Eigentümern Interesse am Wald zu wecken.

Hier sehen wir eine große Parallele zur Geldanlage. Vor vielen Jahren habe ich einmal den Rat bekommen: »Kümmern Sie sich um Ihr Geld, sonst tun es andere.« Denn ähnlich wie beim Wald ist es wichtig, dass man Interesse an dem hat, was einem gehört. Beim Wald führt mangelndes Interesse bei den Eigentümern dazu, dass der Wald nicht mehr bewirtschaftet wird, mit allen negativen Folgewirkungen. Die Wälder wachsen dicht auf, was zu hohen dünnen Stämmen mit einer kleinen Krone führt. Solche Wälder sind bei Stürmen nicht standfest. Sie sind auch nicht vital, sodass der Borkenkäfer und andere Schädlinge leichtes Spiel haben. Der wertvolle regional verfügbare Rohstoff mit unschlagbarer Ökobilanz bleibt ungenutzt und muss durch andere Rohstoffe ersetzt werden. Die Dominanz mancher Baumarten führt zur Entmischung, also zu artenärmeren Beständen, als man sie durch Waldpflege schaffen würde. Beim Geld führt Nichtbeachtung dazu, dass man zwar hart arbeitet, um es zu verdienen, es dann aber auf dem Konto oder dem Sparbuch liegen bliebt und somit entweder durch die Inflation aufgefressen wird oder sich andere daran bedienen, wie eine schmarotzende Mistel an einer alten Tanne.

Was das konkret bedeutet, kann ich am besten an einem Beispiel anschaulich machen. Nachdem ich eine hohe Summe über eine Lebensversicherung ausbezahlt bekommen hatte, wurde ich von einem Berater meiner örtlichen Bankfiliale angerufen. Ich hatte in den Jahren zuvor nicht wirklich etwas von ihm gehört, und die zeitliche Koinzidenz des hohen Zuflusses auf mein Girokonto mit seinem Interesse daran, über mein Konto, die Gebühren und anderes zu sprechen, war sehr auffällig. Mir war klar, worauf das hinauslaufen würde, und aus Spaß nahm ich den angebotenen Termin wahr. Nach anfänglichem Smalltalk kam der Berater dann schnell auf das eigentliche Thema: Ich hätte viel Geld auf dem Girokonto, und es wäre sehr klug, es in Fonds seines Hauses zu investieren.

Man muss dazu sagen, dass es sicher besser ist, in solche Fonds zu investieren als das Geld auf dem Girokonto zu belassen. Aber man muss sich auch bewusst sein, dass dabei viele Leute mitverdienen werden. Zudem sind viele Fonds nicht in der Lage, die durchschnittlichen Marktrenditen zu überbieten. Dennoch kassieren Banken Vermittlungsgebühren und Fondsmanager hohe Vergütungen. Eine sehr preiswerte Alternative wären Indexfonds, sogenannte ETFs. Dieses heute sehr populäre Instrument ermöglicht es, direkt in einen Index wie den DAX, den Euro Stoxx oder den Dow Jones zu investieren und damit zig Aktien auf einmal abzudecken. Die Kosten für diese nicht aktiv gemanagten Fonds sind sehr gering. Es gibt viele gute Werke zu diesem Thema. Ein sehr bekanntes und erfolgreiches, das ich Ihnen empfehlen kann, ist *Souverän investieren mit Indexfonds und ETFs* von Gerd Kommer*. Auch der Investmentguru Warren Buffett soll Medienberichten zufolge seiner Gattin geraten haben, nach seinem Tod alles in einen ETF auf US-Aktien zu investieren.

* Gerd Kommer: *Souverän investieren mit Indexfonds und ETFs. Wie Privatanleger das Spiel gegen die Finanzbranche gewinnen.* Campus Verlag, 2018.

KAPITEL 7

VIELFALT IST STÄRKE

INVESTMENTS DIVERSIFIZIEREN WIE IM PLENTERWALD

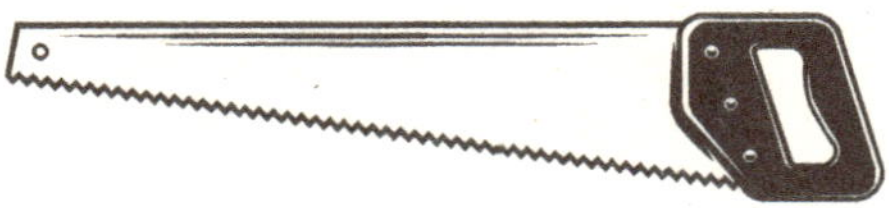

Sowohl im Waldbau als auch beim Investieren ist Diversifikation das A und O, die goldene Grundregel, die jeder, aber wirklich jeder, kennt. Dennoch verstoßen immer noch Leute dagegen – mit absehbaren tragischen Folgen. Im Wald denke ich hier an jene, die entgegen jeder Beratung Fichtenreinbestände in dafür absolut ungeeigneten Gebieten aufgeforstet haben und die jetzt einige Jahrzehnte später erleben müssen, wie diese flächig durch den Borkenkäfer zerstört werden. Wenn ich an die Börse denke, so sah ich erst kürzlich in einem Fernsehbeitrag einen älteren Herrn, der seine gesamten Lebensersparnisse ausschließlich in die Wirecard-Aktie gesteckt hatte und daher jetzt mit etwa siebzig Jahren wieder arbeiten muss.

Bleiben wir erst mal beim Thema Wald. Monokulturen haben einen schlechten Ruf – und das zu Recht. Sie bieten wenig ökologische Nischen und sind sehr anfällig gegenüber Schädlingen, weshalb sie in der Landwirtschaft häufig mit starkem

Einsatz von Pflanzenschutzmitteln einhergehen. Dennoch herrscht hier ein großer Irrglaube vor. Die Natur würde selbst auf großer Fläche in Deutschland Monokulturen bilden. Die Buche wäre die alles beherrschende Baumart, die durch ihre Konkurrenzkraft alle anderen Baumarten auf Sonderstandorte wie feuchte und trockene Flächen verdrängen würde.

Doch Monokultur ist nicht Monokultur. Biodiversität hat mehrere Ebenen. Viele denken bei dem Begriff ausschließlich an Artenvielfalt, welche jedoch nur die zweite Ebene der Biodiversität ist. Monokultur umfasst daneben aber auch die Vielfalt an Lebensräumen, die man als erste Ebene bezeichnen kann, und schließlich als dritte Ebene die genetische Vielfalt innerhalb einer Art. Letzteres kann dafür sorgen, dass eine Monokultur, also zum Beispiel ein reiner Fichtenwald, eine sehr hohe Biodiversität hat. Das ist nämlich dann der Fall, wenn sich die einzelnen Fichten hinsichtlich der Genotypen unterscheiden und eine große Varianz aufweisen. Sie sind dann als Art wiederum sehr anpassungsfähig gegenüber Veränderungen.

Als beste Versicherung gegen eine ungewisse Zukunft gilt jedoch ein Mischwald, der im Dauerwaldbetrieb bewirtschaftet wird. Ein besonders gutes Beispiel hierfür ist der Plenterwald. Plenterwälder sind eine Form eines Dauerwaldbetriebes und ein anschauliches Beispiel dafür, dass der Mensch es manchmal eben doch besser kann als die Natur – sofern man die seltsame These vertritt, dass er nicht ohnehin Bestandteil der Natur ist.

Der Plenterwald steht wie keine andere waldbauliche Betriebsform für die perfekte Symbiose von wirtschaftlichem Streben und ökologischer Verantwortung. Viele Laien verwechseln einen Plenterwald gar mit einem Urwald. Dennoch ist er ein künstliches, vom Menschen gestaltetes Ökosystem. Er besteht aus verschiedenen Baumarten, die in den unterschiedlichsten Altersstufen nebeneinander wachsen. Entstanden ist er durch die besonderen Bedürfnisse der kleinbäuerlichen Forstwirtschaft, die nur wenig Waldfläche hatte, aber auch nicht nur alle achtzig bis hundert Jahre Holz ernten wollte. Hier wurde schon lange vor jedem staatlichen Rentensystem ein effektiver Generationenvertrag geschlossen.

Im Plenterwald verzichtet man auf Kahlschläge, und erntet stattdessen nur gezielt starke und alte Bäume. Dadurch hat man nicht nur geringere Erntekosten, da weniger Aufwand pro gewonnenem Festmeter für das Fällen und den Transport des Holzes nötig ist. Man hat auch höhere Erlöse, weil es häufig besonders wertvolle Einzelstämme sind, die als Starkholz einen Mehrertrag erzielen. Wenn ein alter Baum entnommen wird, so fallen Licht und Wärme auf den Boden und ein neuer, junger Baum kann nachwachsen. Am Rand dieses Lichtschachtes stehen schon ein bis zwei Meter hohe »jugendliche« Bäume bereit, die sich jetzt ebenfalls entfalten können. Dadurch entsteht automatisch die so wichtige Strukturvielfalt.

Ein Plenterwald ist kein gleichförmiger Wald, in dem Bäume wie Soldaten in Reih und Glied nebeneinanderstehen. Der gesamte Raum vom Boden bis zu den höchsten Wipfeln ist mit Blättern der unterschiedlich großen Bäume besetzt, sodass die Photosynthese optimal stattfinden kann. Auch die Wurzeln besetzen unterschiedliche Bodenschichten, und somit wird das zur Verfügung stehende Reservoir an Nährstoffen und Licht optimal ausgenützt. Das System Plenterwald ist viel effektiver und produziert mehr Holz als ein klassischer einschichtiger Hochwald.

Das leider nur bei forstlichen Insidern bekannte Konzept der »Plenterwirtschaft« ist auch ein Vorbild in der Frage, wie man ein Aktiendepot aufbauen sollte: Setzen Sie niemals nur auf eine Aktie, sondern auf viele verschiedene Unternehmen. Ich weiß, dass ich mich hier wiederhole, aber diese Grundregel kann man nicht oft genug betonen. So wie man im Waldbau Laub- und Nadelbäume und den einen oder anderen Strauch pflanzt, sollte man auch im Depot auf verschiedene Branchen achten. Wenn ich zwar zehn Aktien kaufe, aber allesamt zum Beispiel von Versicherungsunternehmen, so habe ich noch keine wirkliche Streuung. Wie ich oben dargestellt habe, hat die Biodiversität drei Ebenen, nämlich (1) die Vielzahl an unterschiedlichen Landschaftsformen, (2) die Menge an unterschiedlichen Arten und (3) die genetische Diversität innerhalb einer Art. Auch bei der Aktienanlage gibt es diese drei Ebenen.

Die zweite Ebene der Biodiversität, die Artenvielfalt, entspricht den »Sektoren«. In der Wirtschaftswissenschaft werden diese vereinfacht dargestellt folgendermaßen eingeteilt:

- Der primäre Sektor umfasst die land- und forstwirtschaftliche Urproduktion und die Rohstoffgewinnung, was in unserem Fall das Bereitstellen von Baumstämmen zur Weiterverarbeitung wäre.
- Der sekundäre Sektor umfasst Industrie und weiterverarbeitendes Gewerbe. Hier würden wir uns bewegen, sobald ein Sägewerk unseren Baumstamm weiterverarbeitet und daraus Schnittholz oder Holzwerkstoffe produziert.

- Der tertiäre Sektor umfasst grob gesagt alle Dienstleistungen. Wenn Sie einen Wald erben, sich aber nicht in der Lage fühlen, ihn selbst zu bewirtschaften, engagieren Sie womöglich einen forstlichen Unternehmer für die gefährliche Waldarbeit. Seine Tätigkeit wäre diesem Sektor zuzurechnen.
- Im quartären Sektor sind dann Tätigkeiten wie Forschung und Ähnliches zu finden, beispielsweise wenn Sie ein neues Programm entwickeln, das Waldbrände durch Simulationen prognostizieren könnte.

An der Börse wird anstelle von Sektoren häufig von Branchen gesprochen. Branchen sind eigentlich eine noch feinere Aufgliederung der einzelnen Wirtschaftsbereiche. Die Forstwirtschaft ist eine Branche innerhalb des primären Sektors, zu dem aber auch Minengesellschaften gehören, die wiederum eine eigene Branche darstellen. Dies könnte man wieder unterteilen in Gold-, Silber- und Kupferproduzenten sowie viele weitere. Wichtig ist, dass Sie aus vielen verschiedenen Branchen Aktien erwerben.

Sie haben dabei auch noch sehr viel Auswahl innerhalb der Branche. Wenn Sie aus moralischen Gründen im produzierenden Gewerbe an keinem Konzern beteiligt sein wollen, der Marschflugkörper produziert, wählen Sie einfach einen, der Traktoren baut. Viele vertreten die Ansicht, dass es Branchen gibt, die langfristig anderen überlegen sind. In den letzten zwanzig Jahren scheint dies im Bereich der Hochtechnologie so zu sein. Wenn Sie davon ausgehen, dass sich dieser Trend fortsetzen wird, so können Sie ETFs auf jede Branche erwerben, auch auf Internetkonzerne. Da in der Wirtschaft aber grundsätzlich die Bedürfnisse der Menschen aus allen Bereichen bedient werden, hat immer mal eine Branche, dann wieder eine andere Branche die Nase vorn. Daher sollte man auch alle Branchen abdecken, entweder durch starke Einzelaktien oder entsprechende ETFs.

Für uns Anleger ist dabei die Sektoreneinteilung des Index Standard & Poor's 500 (S&P 500) eine gute Richtschnur. Zur Erläuterung: Ein Aktienindex bildet einen Korb von Unternehmen ab und wird von einem Indexanbieter, der diesen berechnet, zur Verfügung gestellt. So sind im Deutschen Aktienindex DAX die größten Unternehmen Deutschlands und im österreichischen ATX die größten österreichischen Konzerne abgebildet. Der S&P 500 wiederum bildet die Wertentwicklung der 500 größten börsennotierten Unternehmen der USA ab. Er unterscheidet folgende zehn Sektoren:

- Kommunikationsdienstleistungen
- zyklische Konsumgüter
- Verbrauchsgüter
- Energieversorgung
- Finanzdienstleistungen
- Gesundheitsdienstleistungen
- Informationstechnologie
- Rohstoffe
- Immobilien
- Dienstleistungen

Natürlich könnten Sie jeden Sektor noch in Untersektoren aufgliedern. Wenn Sie aber aus jedem Bereich ein Unternehmen erwerben, haben Sie schon zehn verschiedene Aktien. Wenn wir den Vergleich mit dem Wald ziehen, so könnte man sagen, dass die Sektoren die zweite Ebene der Biodiversität darstellen. Im Wald wären dies die verschiedenen Baumarten, wie Tanne, Buche, Ahorn oder Fichte.

Die erste Ebene der Biodiversität ist die der unterschiedlichen Landschaftsformen. Im Wald gibt es verschiedene Arten von natürlich vorkommenden Pflanzengemeinschaften. Beispiele hierfür sind der Waldmeister-Buchenwald, der Silberweiden-Auwald oder der montane Bergmischwald. So wie die Natur sollten auch Anleger auf einer höhergelegenen Ebene die Streuung im Depot erweitern. Neben den Sektoren müssen Sie darauf achten, Aktien aus verschiedenen Regionen, Ländern oder zumindest Kontinenten zu kaufen. Jedes Land hat eine andere Mentalität, eine andere Entwicklungsgeschwindigkeit und ganz eigene politische Risiken. Es kann nicht schaden, hier zumindest auf Ebene der Kontinente sein Geld zu verteilen. Dabei sollte je nach Risikobewusstsein der Schwerpunkt mehr oder weniger in den etablierten Märkten liegen. Wenn man sich außerhalb des Euroraumes bewegt, hat man durch die Währungsschwankungen ebenfalls Chancen und Risiken, auf jeden Fall aber hat man eine weitere Diversifikation. (Im nächsten Kapitel gehe ich auf diesen Punkt noch genauer ein.)

Der dritten Ebene der Biodiversität, der genetischen Diversität innerhalb einer Art, würde dann innerhalb einer Branche noch die Unterscheidung in Large Caps, Mid Caps, Small Caps oder Micro Caps entsprechen. Diese Einteilung spiegelt wider, welchen Börsenwert ein Unternehmen hat. Die großen Giganten wie Google oder in Deutschland die Münchener Rück zählen zu den Large Caps, man sagt auch manchmal

Standardwerte dazu. In Deutschland ist der Mittelstand eine wichtige Säule unserer Volkswirtschaft, und diese Unternehmen sind vorwiegend im Index MDAX enthalten, der auf lange Sicht auch eine positivere Wertentwicklung als der DAX zeigt. Bei den Small und Micro Caps handelt es sich um sehr kleine, oft spezialisierte oder junge Unternehmen. Hier bieten sich große Chancen, denen aber auch höhere Risiken gegenüberstehen. Dennoch sollte man, um auf ein ausgewogenes Portfolio zu achten, diese möglichen Stars von morgen nicht vernachlässigen. Ein Plenterwald, in dem junge Bäume fehlen, wird langfristig zu einem einschichtigen überalterten Bestand. Gleichermaßen wird sich ein Portfolio ohne aufstrebende dynamische kleine Konzerne nur unterdurchschnittlich entwickeln.

In Deutschland bezeichnen wir die kleineren Aktien auch als Nebenwerte. Einen Standartwert wie die Allianz-Aktie können Sie immer kaufen und machen dabei kaum etwas falsch; mit Nebenwerten hingegen muss man sich sehr genau beschäftigen. Man darf hier auch nie ohne Limit (Preisgrenzen, die Sie vorgeben) handeln, da Nebenwerte nicht sehr liquide sind und hohe Differenzen zwischen Geld- und Briefkurs bestehen können. Daher würde ich jedem Neuling an der Börse empfehlen, einen ETF zu wählen, zum Beispiel auf globale Micro Caps. Somit ist man in dem Bereich investiert, ohne das spezifische Einzelaktienrisiko zu tagen, das hier schnell auch zum Totalverlust führen kann.

Ich hoffe, Ihnen die Bedeutung der Diversifikation bewusst gemacht zu haben. Sie ist nicht nur ein wesentliches Element in der Natur, die sich dadurch gegen eine ungewisse Zukunft wappnet und durch größtmögliche Vielfalt ein Fortbestehen des Lebens auch bei widrigsten Umweltbedingungen sicherstellt. Das Leben hat Meteoriteneinschläge, Eiszeiten und Trockenphasen überstanden, auch wenn dabei ganze Artengruppen wie die Dinosaurier auf der Strecke geblieben sind. Daher kann man hier sehr viel von der Natur lernen. Wer sein Depot breit aufstellt und wie oben dargestellt diversifiziert, der wird auf lange Sicht Erfolg haben, auch wenn manchmal einzelne Aktien wie Enron oder Wirecard oder vielleicht auch ganze Sektoren wie die fossile Energieerzeugung den Weg alles Irdischen gehen.

KAPITEL 8

ÜBER DIE GRENZEN BLICKEN

VON »FREMDLÄNDERN« IN DEUTSCHEN WÄLDERN UND EXOTISCHEN AKTIEN IM PORTFOLIO

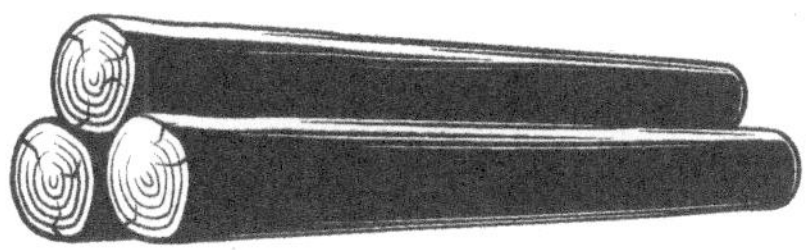

Deutschland solle bunter werden, war eine Forderung besonders aus dem grünen politischen Spektrum. Warum sollte das nicht auch im Wald gelten? Und warum wird dies ausgerechnet in ebenjenem »Grünen-Lager« äußerst kritisch gesehen?

Zuwanderung kann Probleme verursachen, aber auch enorme Chancen bieten. Das trifft auch auf unsere Waldökosysteme zu. Schon seitdem die Menschen begonnen haben, in andere Weltregionen zu reisen, haben sie immer wieder auch Pflanzen und Tiere von dort mitgebracht. Teils geschah dies freiwillig und gezielt, teils waren es blinde Passagiere. Diese sogenannten Neobiota können durchaus ein Massensterben verursachen, wie die Beispiele von eingeschleppten Schlangen auf Südseeinseln oder von Katzen nach Neuseeland zeigen, um nur zwei Beispiele zu nennen. Neobiota sind andererseits auch lästig, wie das Indische Springkraut zeigt, das von unseren Gärten ausgehend zahlreiche Waldlichtungen überwuchert und die heimische Flora verdrängt. Andererseits waren eingeschleppte Pflanzen und Tiere auch entscheidend für die Entwicklung der Menschheit. Die aus Südamerika eingeführte Kartoffel ermöglichte ein rasches Bevölkerungswachstum und die Versorgung der Industriearbeiter; Mais ist heute als Futterpflanze und wichtiges Nahrungsmittel, das uns unter anderem als Popcorn im Kino erfreut, nicht mehr wegzudenken, genauso wie die ebenfalls aus Südamerika stammende Tomate, die nicht nur in der italienischen Küche eine wichtige Rolle spielt.

Auch im Wald gibt es Zuwanderung. Um zu verstehen, weshalb wir gerade in Mitteleuropa sehr darauf angewiesen sind, muss man in die Waldgeschichte eintauchen. Es ist für viele Menschen sehr erstaunlich, wenn ich auf Waldführungen berichte, dass es in Nordamerika in vergleichbaren Klimazonen fast fünfmal so viele Baumarten gibt wie bei uns. Woran kann das liegen? Die Lösung dieses Rätsels geht auf die Eiszeit zurück. Mit den sich ausbreitenden Gletschern ging der Lebensraum der Bäume zunehmend verloren. Sie mussten in den Süden ausweichen. Die in Nord-Süd-Richtung verlaufenden Rocky Mountains stellten dabei kein Hindernis dar, und als die Gletscher zurückwichen, konnten die Arten ihr ursprüngliches Habitat wieder besiedeln. Unsere europäischen Alpen verlaufen aber in Ost-West-Richtung und stellten damit eine unüberwindbare Hürde dar. Viele bei uns einst heimische Baumarten sind daher in der Eiszeit ausgestorben. Unsere Wälder sind also seit zehntausend Jahren sehr artenarm.

Die Klimaveränderungen bedrohen, wie bereits dargestellt, massiv unsere Ökosysteme. Sie führen zu großen Veränderungen, die derzeit noch nicht abschätzbar sind. Neben Trockenheit und Starkregen werden Stürme und Schädlinge zunehmen, um nur einige Beispiele zu nennen. Es kann wärmer, aber saisonal und regional auch viel kälter werden. Es wäre also ein Risiko, eine besonders wärmeliebende Baumart zu pflanzen, die dann mit zunehmenden Spätfrösten Probleme bekommt. Ebenso kann eine gegen den heimischen Borkenkäfer unempfindliche Art später Probleme mit Pilzen bekommen, die vielleicht durch den Klimawandel erst bei uns heimisch werden. Eine sturmfeste Art könnte wiederum unter häufigeren Überschwemmungen leiden, da sie unter Umständen nicht überflutungstolerant ist. Da wir nicht wissen, was auf uns zukommen wird, ist es also klug, auf verschiedene Arten zu setzen. Neben der Streuung des Risikos hat man dadurch auch eine Streuung der Produkte, also der unterschiedlichen Hölzer, die man in Zukunft vermarkten kann.

Daher ist es derzeit ein viel diskutiertes Thema, Baumarten aus anderen Kontinenten in unsere Wälder zu pflanzen. Dies wurde auch schon vor über hundert Jahren praktiziert, aber seinerzeit geschah das eher aus Neugierde. Die eindrucksvollen Douglasien, die aus Nordamerika stammen, sind nur ein Beispiel für eine gut integrierte Baumart. Interessant ist die Terminologie, die in diesen Debatten verwendet wird. So sprechen Gegner von »Fremdländern« und Befürworter von »Gastbaumarten«. Inzwischen wird aber deutlich, dass es ohne diese Gastbaumarten nicht gehen wird und die Chancen die potenziellen Risiken bei Weitem überwiegen.

Im Börsenhandel lässt sich etwas Ähnliches beobachten: Es gibt ein Phänomen, das »Home Bias« genannt wird. Menschen investieren gern vor allem in Firmen, die sie unmittelbar vor der Haustür haben oder bei denen sie gar selbst arbeiten. Das ist naheliegend und kann auch rational sein. Wenn ich sehe, wie der Parkplatz täglich voll ist und die Lkws aus dem Lager rollen, dann gehe ich davon aus, dass der Laden läuft. Es führt aber zu einer Risikomaximierung und zu einem Verzicht auf die Möglichkeiten, die die Welt bietet. Gerade der Blick über den Tellerrand in die globalisierte Welt eröffnet uns einen Pool mit Tausenden Unternehmen aus Bereichen, die wir vielleicht noch gar nicht auf dem Schirm hatten. Wie beim Waldbau sollte man diese aber als Beimischung sehen, deren Anteil man mit zunehmender Erfahrung ausbauen kann.

Ich selbst liebe es, in den Schwellenländern und Entwicklungsländern nach mir bisher unbekannten Firmen Ausschau zu halten und mein Depot damit zu würzen. Wie ein Waldökosystem wird es dadurch besser auf eine ungewisse Zukunft vorbereitet. Allein schon durch die große Vielfalt an Währungen, Rechtsräumen und soziokulturellen Räumen, in denen die Firmen ihre Produkte herstellen und anbieten, ist ein so bestücktes Depot weniger anfällig gegen politische Veränderungen oder Wirtschaftskrisen. Durch die heutigen Onlinebroker bieten sich kostengünstige Möglichkeiten, direkt an so exotischen Börsen wie Moskau oder Seoul zu handeln. Für Märkte, die Privatanlegern noch nicht direkt zugänglich sind, bieten sich zahlreiche preiswerte Indexfonds, über die ich selbst zum Beispiel in Nigeria, Pakistan, Bangladesch und vielen anderen Staaten passiv an der Entwicklung der dortigen Wirtschaft teilhabe.

Wenn Sie von »bösen Fremdländern« hören, dann besinnen Sie sich auf die Fakten. Fast keine dieser Baumarten ist invasiv. Nur sehr wenige verursachen überhaupt Probleme, und wenn, dann meist nur geringfügig. Vielmehr erhöhen sie die Biodiversität und die Anpassungsfähigkeit unserer Wälder. Vielfalt ist in allen Bereichen gut. Hierzu passt das Zitat meines Professors der Seoul National University: »Cultural diversity is as important as biological diversity.« Und auch an der Börse gilt: Ja, es klingt riskant, Aktien aus Nigeria zu kaufen. Wenn Sie dies aber in einem angemessenen Umfang tun, ist das Gegenteil der Fall. Es ist eine wahnsinnige Chance.

KAPITEL 9

NICHT VON DER SUBSTANZ LEBEN

WAS NACHHALTIGKEIT UND DER ZINSESZINSEFFEKT MITEINANDER ZU TUN HABEN

Natürlich müssen wir auch über den inflationären Begriff der Nachhaltigkeit sprechen, wenngleich Sie ihn wahrscheinlich nicht mehr hören können. Jedes Unternehmen betont heute, wie nachhaltig es wirtschaftet, und jeder Politiker baut den Begriff in seine Reden ein. Doch da die deutsche Forstwirtschaft den Begriff geprägt und die Nachhaltigkeit quasi erfunden hat, erlaube ich mir dennoch, hier darauf einzugehen.

Zugeschrieben wird die Idee dem großen Forstmann Hans Carl von Carlowitz. Was ist mit Nachhaltigkeit gemeint? Im Prinzip etwas sehr Einfaches, nämlich langfristig nicht mehr Holz zu ernten als regelmäßig nachwächst. Zu viel zu ernten, war über viele Jahrhunderte der Fall und verursachte große

Probleme. Holz war von enormer Bedeutung, unter anderem zur Erzeugung von Holzkohle und für den Bergbau, der auch für Industrie und Kriegswirtschaft eine strategische Rolle spielte. Ein besonders schlimmes Beispiel für frühe Übernutzung in der Antike ist der gesamte Mittelmeerraum, in dem Eichenwälder für die römische Kriegsflotte gerodet wurden. Die heute zum Beispiel in Korsika so geschätzte Macchia ist lediglich ein Sekundärwald, und die Entwaldung Maltas ist eine der schrecklichsten ökologischen Katastrophen der Menschheitsgeschichte. Es wurden daher sehr strenge Gesetze erlassen, und viele arme Bürger litten darunter.

Nachhaltigkeit wird heute mehrdimensional definiert und umfasst dabei nicht nur die Ökologie, sondern auch soziale und ökonomische Aspekte. Man spricht auch von den drei Säulen der Nachhaltigkeit.

Eine der wichtigsten Lehren, die man aus der Forstwirtschaft für alle Wirtschaftszweige und seine privaten Finanzen ziehen kann, besteht darin, dass man niemals die Substanz angreifen sollte. Wer dies tut, verstößt gegen das grundlegendste Prinzip der Nachhaltigkeit und begibt sich in eine Abwärtsspirale, die mit dem wirtschaftlichen Ruin enden kann. Leider ist dies in der Forstwirtschaft früher häufig geschehen, und man hat bittere Lektionen daraus gelernt.

Die Produktionsgrundlage im Waldbau ist vor allem der Boden. Bodenschutz ist eines der großen Themen unserer Zeit und von globaler Bedeutung. Böden bilden sich in Jahrtausenden und sind in menschlichen Zeitmaßstäben daher nicht regenerierbar. Wodurch aber sind sie bedroht? Zum einen durch Versiegelung, dies ist allseits bekannt. Zum anderen durch Erosion. In China ist hier die Winderosion im Lössplateau ein erschreckendes Beispiel; das Land versucht, mit entschiedenen Maßnahmen gegenzusteuern. Eine davon ist das derzeit größte laufende Aufforstungsprojekt in der Menschheitsgeschichte. Europäische Forstprofessoren sind häufig in China zu Gast, da ihre Expertise geschätzt wird. Einer davon sagte mir, er sei der Ansicht, dass China das Land sei, das als Erstes die Trendwende beim Thema Klima- und Umweltschutz schaffen werde.

Doch auch hierzulande lebten wir lange Zeit über unsere Verhältnisse. Im Raum Nürnberg zeugt der Reichwald von einer langen Übernutzung der im Boden gespeicherten Nährstoffe. Man muss wissen, dass der Großteil der Mineralien, die ein Baum aufnimmt, in den Zweigen und Blättern gespeichert wird. Üblicherweise verbleiben diese im Wald, da man lediglich am Stammholz interessiert ist. Dort werden sie durch Regenwürmer, Pilze und Mikroorganismen zersetzt und abgebaut. Die Nährstoffe werden so wieder in den Kreislauf zurückgeführt und von den Wurzeln der Pflanzen erneut aufgenommen. Die organische Substanz wird zu wertvollem Humus, der Wasser und Kohlenstoff speichert. In armen Regionen mussten die Menschen diese Biomasse aber für ihr Vieh als Einstreu in den Ställen verwenden. Diese sogenannte Streunutzung führte zur Verarmung der Böden, und die dünnen Kiefern im Reichswald, von den Nürnbergern als »Steckerleswald« bezeichnet, sind ein trauriges Beispiel für diese Übernutzung. Daher wird die heute zunehmende »Ganzbaumnutzung«, also die Entnahme von mehr als nur dem Stammholz, von vielen Naturschützern und Forstkollegen sehr kritisch gesehen. Neue Mineralien werden durch Verwitterung aus dem Grundgestein nachgeliefert, dieser Prozess dauert aber Jahrtausende.

Im Zuge der Energiewende und der aufkommenden Hackschnitzelheizkraftwerke lohnt es sich zunehmend, eben auch die dünnen Äste mitzuernten. Man muss sehen, dass dies auf lange Sicht sehr problematisch sein kann. Andererseits gibt es sehr nährstoffreiche und tiefgründige Böden, zum Beispiel den sogenannten Flysch im Alpenraum, der diesen Nährstoffentzug leicht verkraften kann. Von der Substanz zehren auch Forstbetriebe, die große Kahlschläge machen und im Anschluss die kahlen Flächen neu bepflanzen müssen. Eine Freifläche wird nämlich schnell mit Unkraut überwuchert, das das Aufkommen von kleinen Bäumen aus Samen verhindert. Die Pflanzungen sind dann zudem sehr anfällig gegen Fröste, da der schützende Schirm aus Altbäumen fehlt. Was die Natur umsonst liefern würde, muss man künstlich schaffen, und dies ist mit hohen Kosten verbunden. Aus ökonomischer Sicht ist das Wichtigste in der Forstwirtschaft, Kosten zu vermeiden, insbesondere zu Beginn der 80- bis 200-jährigen Periode, auch als Umtriebszeit bezeichnet, in der ein Sämling zu einem erntereifen Baum heranwächst. Dies hat einen speziellen Grund, und zwar den schon von Albert Einstein als größte Kraft im Universum bezeichneten Zinseszinseffekt.

In der klassischen Betriebswirtschaft wird jede Investition auf ihre ökonomische Sinnhaftigkeit geprüft. Dafür wird das nötige Kapital verglichen mit den Zinserträgen, die im Investitionszeitraum bei der schlichten Anlage auf der Bank zu erzielen sind. Wenn Sie mir jetzt die derzeitigen Negativzinsen entgegenhalten, dann sei darauf hingewiesen, dass in hundert Jahren sicher auch Phasen mit sehr hohen Zinsen existieren werden und ein Durchschnittszins von circa 3 Prozent sicher realistisch ist. Das Dilemma bei forstlichen Investitionen ist, dass bis zu deren Amortisation Jahrzehnte, im Falle von wertvollen Furniereichen sogar Jahrhunderte vergehen. Auch bei guten Holzpreisen wird es sehr schwer, mit der risikolosen alternativen Geldanlage zu konkurrieren.

Gleichermaßen sollte man in einem Aktiendepot niemals den Grundstock an Kapital verringern, sondern ihn eher kontinuierlich steigern. Wenn man Aktien verkauft und dafür keine neuen erwirbt, sondern sich das Geld auszahlen lässt, so wird man auch weniger Rendite erhalten. Durch den Zinseszinseffekt wirkt sich jede Kapitalentnahme exponentiell aus, da das entnommene Geld sich nicht mehr weiter verzinst. Auch müssen bei jedem Verkauf von Aktien Kapitalertragsteuern bezahlt werden. Man soll ohnehin nur Geld an der Börse anlegen, das man mindestens für die nächsten zehn Jahre nicht benötigt. Auf die Art ist man nicht gezwungen, in einer temporären Schwächephase zu verkaufen und Verluste zu realisieren. Da man aber immer wieder unvorhergesehene Ausgaben hat, beispielsweise für eine Autoreparatur, empfiehlt es sich, einen gewissen Grundstock an Bargeld zu halten, der nicht am Aktienmarkt angelegt wird. Hier reichen die Empfehlungen von drei Monatsgehältern bis zu einem Jahresgehalt. Dieses Geld kann auch dazu dienen, in Schwächephasen der Märkte günstig Aktien nachzukaufen, worauf ich im folgenden Kapitel eingehe.

Es gibt im Wald ein Sprichwort, nämlich dass zu starker Nährstoffentzug durch Holzernte zu reichen Vätern und armen Söhnen führt. Im Umkehrschluss heißt das für die Geldanlage: 1.000 Euro, die ich heute nicht ausgebe, sind bei einer durchschnittlichen Verzinsung von 6 Prozent in vierzig Jahren über 10.000 Euro. Reiche Söhne verdanken ihren Wohlstand ihren sparsamen Vätern.

KAPITEL 10

DIE WELT GEHT NICHT UNTER, AUCH WENN ES MANCHMAL SO SCHEINT

VON WALDSTERBEN UND CRASHPROPHETEN

Leider verkaufen sich schlechte Nachrichten sehr viel besser als gute. Das verschleiert unseren Blick auf die Wirklichkeit, denn all das Positive wird nur selten von der täglichen Berichterstattung aufgegriffen. An der Börse gibt es einen eigenen Ausdruck für professionelle Schwarzmaler, sie werden »Crashpropheten« genannt. Ihre Profession besteht darin, permanent die nächste Weltwirtschaftskrise oder den Zusammenbruch des Weltfinanzsystems zu prophezeien. Meistens bieten sie dann auch noch ein Produkt an, mit dem man dagegen abgesichert ist. Oft predigen sie auch, man müsse in Gold investieren, da dieses wertstabil sei und man es notfalls sogar vor dem Zugriff des Staates verstecken könne.

Das Problem ist, dass die Menschen solche düsteren Prognosen scheinbar sehr gerne hören. Ab und zu kommt es dann tatsächlich zu einem größeren Einbruch, so wie im März 2020, und dann sagen diese Schwarzmaler, sie hätten es ja schon immer gewusst. Dass sich die Märkte immer rasch erholen und dass sie jahrelange Aufschwungphasen mit ihrer Strategie nicht genutzt haben, gerät dabei in Vergessenheit.

Auch beim Wald sollten wir uns vor allzu großer Panikmache in Acht nehmen. Ende der Achtzigerjahre war das Waldsterben eines der großen Themen. Durch Luftschadstoffe, vor allem durch Schwefelemissionen aus Kohlekraftwerken, sind ganze Waldgebiete abgestorben, und viele Menschen waren der Ansicht, wir würden den Wald komplett verlieren und vor der größten ökologischen Katastrophe der Neuzeit stehen. Das Waldsterben war ein reales Problem, aber es wurde zu reißerisch dargestellt. Der Umgang damit ist ein gutes Beispiel für zielorientiertes und erfolgreiches Handeln der verantwortlichen Politiker. Durch die Rauchgasentschwefelung und andere neue Technologien konnte man die Schadstofflast verringern, und der Wald hat sich erholt. Heute spricht man von einem Waldsterben 2.0. Durch die Klimaveränderungen bekommen unsere Bäume große Probleme, und wieder sterben Wälder großflächig ab. Die einen reagieren mit überzogener Panikmache, andere wiederum nehmen das Problem nicht ernst, da die prognostizierte Katastrophe schon Ende der Achtzigerjahre nicht eintrat.

Sowohl an der Börse als auch im Wald gibt es Krisenzeiten. Diese muss man ernst nehmen, man kann sie aber auch als Chance sehen. Das Waldsterben führte zu einer Beschleunigung der Entwicklung neuer Umwelttechnologien und zu einer Sensibilisierung von Politik und Gesellschaft. Und in der Finanzwelt führt jeder Crash an den Börsen dazu, dass man zu einem Schnäppchenpreis in gute Unternehmen einsteigen kann. Auch wenn ich es etwas inflationär gebrauche, gibt es hierzu ebenfalls ein Sprichwort an der Börse: »Die Flut hebt und senkt alle Schiffe.« Sofern es zu einem externen Ereignis wie den Anschlägen vom 11. September, dem Zusammenbruch des Neuen Marktes oder der Coronakrise kommt, fällt der Markt zumindest kurz- bis mittelfristig auf breiter Front. Es gibt jedoch Unternehmen, die gar nicht von diesen Ereignissen betroffen sind, die sogar davon profitieren könnten. Auch wenn es makaber ist, so war nach dem 11. September nicht zu erwarten, dass etwa Unternehmen, die Überwachungstechnologien anbieten, dauerhaft kein Geld mehr verdienen würden, im Gegenteil. Als der Neue Markt zusammenbrach, gab es keinen Grund, weshalb Lebensmittelkonzerne große Umsatzeinbußen zu erwarten hätten. In der Coronakrise verloren auch Onlinehändler zuerst massiv an Wert, obwohl absehbar war, dass deren Geschäftsmodell durch den Lockdown einen zusätzlichen Schub erhalten würde.

Krisen bieten immer auch Chancen. Das gilt ebenfalls für den Wald, da er dann in den Fokus der Öffentlichkeit und somit auch der Politik gerät. In der Bayerischen Forstverwaltung wurden jahrelang Stellen abgebaut und hoch qualifizierte junge Kollegen mit schlecht bezahlten Zeitverträgen ohne jede Chance auf Festanstellung beschäftigt. Bedingt durch die großen Probleme im Zusammenhang mit dem Klimawandel wie den starken Stürmen und Orkanen der letzten Jahre, der Trockenheit und dem zunehmenden Schädlingsbefall wurde der Stellenabbau verlangsamt und die Personalpolitik neu überdacht. Die Waldbesitzer konnten bessere und höhere Förderungen von der Politik verlangen, und diese passte dann auch die bestehenden Programme an die neuen Bedürfnisse an. Man muss zur rechten Zeit seinen Hut in den Ring werfen.

An der Börse bieten sich in Krisen ebenso große Chancen. Gute und solide Unternehmen werden zu Ausverkaufspreisen gehandelt. Daher sollte man immer etwas Bargeld auf der Seite haben, um diese Momente, die sich mehrmals im Anlegerleben bieten, nutzen zu können. Es besteht dabei allerdings die Gefahr, dass man ewig wartet und nie investiert. Ich kenne einige, die zwar grundsätzlich von der Aktienanlage überzeugt sind, aber sehr große Summen auf ihrem zinslosen Girokonto parken. Sie möchten auf den nächsten Crash warten, um dann alles auf einmal in den Aktienmarkt zu investieren. Bei diesen scheinbar sinnvollen Überlegungen gibt es aber einige Haken. Der erste besteht darin, dass man unter Umständen viele Jahre auf einen Crash warten muss. Selbst wenn der Markt dann um 30 Prozent einbricht, steht er immer noch weit über dem jetzigen Kurs, da er zuvor ja jahrelang gestiegen ist. Der zweite Haken, den ich auch bei Freunden während des Corona-Crashs beobachten konnte, ist ein psychologisches Problem. Wenn Märkte auf Talfahrt sind, scheut man sich, zu kaufen. Es könnte jeden Tag noch weiter nach unten gehen. Wenn es dann, wie im Sommer 2020, aber schnell wieder nach oben geht, kauft man auch nicht, denn man ärgert sich, dass man nicht zu den Tiefstkursen eingestiegen ist, und hofft, dass die Märkte noch mal korrigieren.

Meiner Ansicht nach sollte man regelmäßig investieren. Dabei nutzt man den *Cost-Average-Effekt*, also die Tatsache, dass mit immer gleichen Raten viel gekauft wird, wenn die

Kurse gerade niedrig sind, und wenig, wenn sie gerade hoch sind. Im Mittel entsteht so ein vergleichsweise günstiger Preis. Aber vom Ratensparen einmal abgesehen: Für den Fall, dass es gute Gelegenheiten gibt, habe ich immer eine Reserve von mehreren Monatsgehältern auf dem Tagesgeldkonto, die ich dafür einsetze und anschließend wieder anspare.

Die Menschen gehen häufig in die Wälder, um Ruhe vom hektischen Alltag zu finden. Das ist gut, denn man sagt nicht umsonst: »In der Ruhe liegt die Kraft.« In unserer aufgeregten und schnelllebigen Zeit tut man gut daran, einmal innezuhalten und die schlechten Nachrichten, die täglich auf uns alle einprasseln, zu reflektieren oder lieber gleich ganz auszublenden. Wälder sind komplexe Ökosysteme, die schon sehr viele Widrigkeiten überstanden haben. Je komplexer ein System ist, desto widerstandsfähiger ist es auch. Und die Forstleute haben die Rezepte, auch mit den neuen Herausforderungen umzugehen. Optimismus ist gleichsam an der Börse angebracht: Auf lange Sicht entwickeln sich die Märkte nach oben, auch wenn es manchmal so scheint, als würde alles zusammenbrechen. Schauen Sie sich die Chartverläufe der großen Indizes an und bleiben Sie ruhig, wenn es mal wieder turbulent wird. Die einzige wirkliche Gefahr bestünde, wenn Sie keine Aktien hätten.

KAPITEL 11

SPARSAMKEIT AN DER RICHTIGEN STELLE

IM WALD WIE BEI DER GELDANLAGE KOMMT ES AUF KOSTENEFFIZIENZ AN

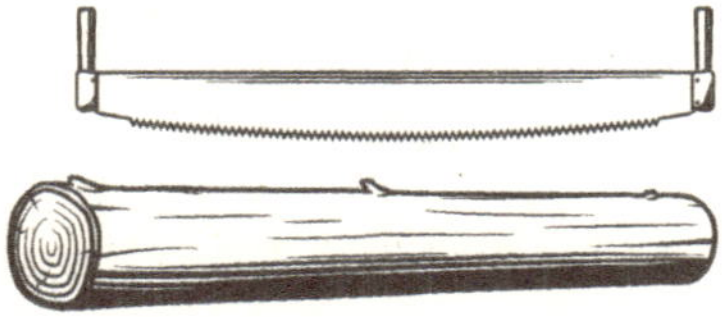

Kosten sind ein wesentlicher Faktor für den forstwirtschaftlichen Erfolg und ebenso in der privaten Geldanlage. Im bereits vorgestellten Plenterwald, der eine gute Form der Dauerwaldbewirtschaftung darstellt, muss man kein Geld für die Bestandesbegründung in die Hand nehmen. Die jungen Bäume wachsen in den Lichtschächten aus Samen nach, die die alten Bäume kostenfrei zur Verfügung stellen. Auch muss wenig für Pflegemaßnahmen aufgewendet werden. Die Verteilung der Arten kann man über das Licht steuern, also über eine mehr oder weniger starke Entnahme von Altbäumen. Hierdurch werden die Bäume auch feinastiger, und es bildet sich eine Struktur, die geringerer Pflegeeingriffe bedarf.

Weshalb ist es so wichtig, gerade im Wald Kosten zu sparen? Anders als viele vielleicht vermuten, sind die Erlöse aus dem Verkauf von Rohholz sehr gering. Die große Wertschöpfung wird, wie in der Landwirtschaft auch, erst in den weiteren Stufen der Veredelungskette generiert. Eine große, alte Fichte, deren Heranwachsen länger dauert als ein Menschenleben, bringt vielleicht einen Ertrag von 200 bis 300 Euro. Wenn man aber schon bei der Bestandesbegründung hohe Kosten hatte, wäre es rentabler gewesen, das Geld hundert Jahre auf ein Bankkonto zu legen, wo es durch den Zinseszinseffekt weit mehr gebracht hätte.

Anders sieht es bei der Holzernte aus. Hier werden Gewinne generiert, und man darf nicht am falschen Ende sparen. Holzernte ist nach dem Bergbau die gefährlichste Tätigkeit, die ein hohes Maß an körperlicher Fitness und technischem Geschick verlangt. Ebenso notwendig ist ein Blick für Ökologie und das richtige Wetter. Wer mit den falschen Maschinen bei ungünstiger Witterung in den Wald fährt, verursacht irreparable Bodenschäden. Wer falsches Werkzeug oder eine schlechte Ausbildung hat, der wird bei der Holzsortierung Fehler machen und nicht den angemessenen Preis erzielen. Hier sollte man nur hochqualifiziertes Personal einsetzen und dieses nicht zeitlich unter Druck setzen. Es würde sich bitter rächen. Qualität hat eben ihren Preis. Da aber die Gewinnmargen in der forstlichen Urproduktion so gering sind, ist der Drang, zu sparen, groß.

Auch bei der Kapitalanlage möchte man Geld gewinnen und nicht bezahlen müssen. Besonders in Deutschland besteht eine hohe Abneigung gegen Bankgebühren, da man jahrelang daran gewöhnt war, diese Dienstleistungen umsonst zu bekommen. Alle Börsenratgeber und viele Influencer im Finanzbereich betonen, wie wichtig es ist, an Depotgebühren und Handelskosten zu sparen. Die Broker unterliegen einem immer stärkeren Wettbewerb, der im Aufkommen von Discountbrokern und Flatratehandel seinen vorläufigen Höhepunkt gefunden hat.

Es ist sehr wichtig, zu erkennen, wo man sparen kann und wo man dies nicht tun sollte. Ich habe schon das Beispiel von Indexfonds (ETFs) gebracht, die im Vergleich zu herkömmlichen Fonds keinem aktiven Management unterliegen. Hier entfallen sowohl die Managementgebühren als auch der Ausgabeaufschlag, da diese Indexfonds direkt an der Börse gehandelt werden (ETF steht für exchange-traded fund, also börsengehandelter Fond). Solche Kostenvorteile sollte man nutzen. Sehr wichtig ist es auch, dass man keine hohen jährlichen Depotgebühren bei der Hausbank bezahlt, wenn diese bei einem etablierten Onlinebroker nicht anfallen würden. Jedes Prozent, das hier gespart wird, führt nach einer Anlagedauer von dreißig Jahren zu einem gigantischen Unterschied, zumal die Durchschnittsrendite am Aktienmarkt zwischen 4 und 8 Prozent pro Jahr liegt.

Aber auch bei der Geldanlage sollte man nicht am falschen Ende sparen. Guter Service eines Brokers darf auch etwas kosten. Gleiches gilt für Bankdienstleistungen. Es ist sicher auch ein Grund dafür, dass Banken darauf angewiesen sind, ihren Kunden ungünstige Fonds und andere Finanzprodukte anzudrehen, weil es hierzulande keinerlei Zahlungsbereitschaft für ihre Kerndienstleistungen gibt. Schon geringste Kontoführungsgebühren veranlassen die Sparer zum Wechsel der Bank. Ein guter Service beinhaltet für mich kompetente

Ansprechpartner, eine ständige telefonische Erreichbarkeit und stabile Handelssoftware. Auch die Zahl der Börsenplätze, an denen man handeln kann, und die Produktvielfalt sind mir sehr wichtig. Ganz besonders sollte man sich auch versteckte Kosten anschauen. Diese können daraus resultieren, dass Sparpläne zu ungünstigen Handelszeiten oder an Handelsplätzen mit schlechtem Spread ausgeführt werden, also einer großen Spanne zwischen Ankaufs- und Verkaufskurs. Wenn man Kunde von ausländischen Brokern ist, ist es auch wichtig, in welcher Qualität man die Steuerunterlagen bekommt. Man kann sich hier viel Zeit, Ärger und Honorare für den Steuerberater sparen, wenn man nachvollziehbare Dokumente zur Verfügung gestellt bekommt.

KAPITEL 12

ALTERSGEMÄSS HANDELN

EIN JUNGER WALD IST ANDERS ZU BEHANDELN ALS EIN ALTER, DAS GILT AUCH FÜR DIE LEBENSPHASEN DES SPARERS

Ein Naturwald durchläuft mehrere Altersphasen, die von der Pionierphase bis zum Zusammenbruch reichen. Auf einer Kahlfläche, die durch einen starken Sturm entstanden sein kann, siedeln sich zuerst krautige Pflanzen und Sträucher an, später sogenannte lichtliebende Pionierbaumarten wie Weiden, Pappeln und Birken. Diese beschatten die Sträucher, bis deren Bestand zurückgeht. Zudem schützen diese Baumarten den Jungwuchs vor Frost. Unter ihrem Schirm können somit weitere Bäume wie Tannen und Buchen keimen, die irgendwann einen dichten Hochwald bilden. Je älter der Wald wird, desto mehr Bäume brechen zusammen. Irgendwann löst sich der Altbestand auf, und der Zyklus beginnt von Neuem.

Auch ein Wirtschaftswald, also ein Wald, in dem aktiv Holz geerntet wird und der für den Eigentümer einen finanziellen Ertrag generiert, durchläuft verschiedene Altersphasen. Jede dieser Phasen verlangt vom Bewirtschafter ein unterschiedliches Handeln. Dabei gilt es aus den erwähnten Gründen, die Kosten am Anfang gering zu halten und die natürlichen Prozesse optimal auszunutzen. Es ist dabei wie bei der Kindererziehung: Was in der Kindheit versäumt wird, kann später nur schwer wieder ausgeglichen werden.

Ganz am Anfang steht die Etablierungsphase. Durch Naturverjüngung oder Pflanzung wachsen junge Sämlinge an. Hier werden die entscheidenden Weichen gestellt. Wenn man eine Baumart wählt, die nicht zum Standort passt, oder wenn man innerhalb einer Art die falsche Herkunft wählt, so kann es zwar sein, dass man dies sehr schnell merkt. Schlimmstenfalls merkt man es aber erst nach dreißig Jahren, wenn die Bäume plötzlich Probleme bekommen.

In der Jugendphase eines Waldes sind die Bäume noch klein und zahlreich. Um einen Mischwald zu erhalten, muss man manche von ihnen aktiv fördern. Man kann Fichten wegzwicken, um danebenstehende Tannen zu fördern, oder man kann einzelne grobastige Bäume entnehmen, damit sich jene Individuen mit schön geformten Stämmen besser entwickeln. Ansonsten soll ein Wald zu Beginn dicht aufwachsen, da dies die natürliche Astreinigung fördert. Wenn ein Baumstamm beschattet ist, dann sterben die Äste und fallen ab. Andernfalls würden sie in das Holz einwachsen, und es gäbe später Löcher in den Brettern. Würde man die Äste mit einer Säge abschneiden, so wäre dies nicht nur teuer, sondern es gäbe auch ein Verletzungsrisiko. Mit den Kräften der Natur zu arbeiten, ist daher ökonomisch sinnvoll. Ziel ist eine gewisse astfreie Stammlänge, zum Beispiel von sechs Metern. Diese soll beschattet sein, wohingegen die darüberliegende Baumkrone viel Licht bekommen muss, um weiteres Wachstum zu generieren.

Sobald der Wald älter geworden ist, muss man zunehmend darauf achten, dass die Kronen genügend Licht bekommen. Zudem muss man den Wald entsprechend pflegen. In diesem als Qualifizierungs- und Dimensionierungsphase bezeichneten Stadium sucht man sich Zukunftsbäume aus. Das sind die Bäume, die man später ernten möchte und die so gepflegt werden, dass sie eine große Krone und eine möglichst gerade Stammform haben und frei von Verletzungen sind. Da Bäume Platz brauchen, müssen sie so weit voneinander entfernt stehen, dass sie sich im Kronenraum nicht gegenseitig bedrängen. Wenn dies nicht geschieht, werden die Bäume hoch und dünn, da sie miteinander um das Licht konkurrieren. Ein solcher Bestand ist sehr instabil, und der einzelne Baum ist nicht vital. Die grüne Krone eines Baumes versorgt ihn mit Zucker, der bei der Photosynthese gebildet und später in organisches Material (Blätter, Äste, Zweige etc.) umgebaut wird. Die Größe der Krone ist auch ein Gradmesser dafür, wie stark das Wurzelsystem des Baumes ausgebildet ist. Die Krone sollte möglichst einem Drittel oder sogar der halben Baumlänge entsprechen. Andernfalls sind die Bäume nicht nur instabil und bei Stürmen umsturzgefährdet, sondern sie können sich durch Harz und andere Abwehrstoffe auch nicht gut gegen Angriffe von Schädlingen behaupten.

Am Schluss des Bestandslebens wird die Ernte eingefahren. Im Wald werden die wertvollen Stämme eingeschlagen und verkauft. Je nach waldbaulichem Modell geschieht dies auf einmal

(Kahlschlag) oder kontinuierlich (Dauerwald) mit vielen möglichen Zwischenformen. Man erhält den Lohn für eine jahrzehntelange Arbeit, die von den Vorfahren begonnen wurde, und hat die Verantwortung, den Zyklus aufs Neue einzuleiten.

Auch bei der Geldanlage durchläuft man verschiedene Phasen auf seinem Lebensweg. Am Anfang, in der Jugendphase des Anlegers, geht es darum, überhaupt erst einmal mit dem Kauf von Wertpapieren zu beginnen. Man hat wenig davon und viele Interessen, für die man das Geld eigentlich lieber ausgeben möchte. Dennoch muss man Kapital in sein Depot fließen lassen und möglichst viele Aktien »hineinpflanzen«.

Danach muss man das eigene Depot pflegen. Man sollte darauf achten, dass die Mischung nicht verloren geht und einzelne Aktien kein allzu ausgeprägtes Schwergewicht bilden. Dies kann durch Rebalancing erfolgen. Das bedeutet konkret, dass Aktien, die einen sehr hohen Gewinn gemacht haben, anteilig verkauft werden. Damit reduziert man zunächst das Abwärtsrisiko der entsprechenden Aktienposition, und man sichert einen Teil des Gewinns. Zudem sorgt man im Depot wieder für eine ausgewogene und damit risikoärmere Mischung, indem man den Verkaufserlös gleich in neue Aktien investiert. Das Rebalancing kann aber auch durch die schlichte Wahl breit gestreuter ETFs erfolgen. Diese sollten dann ebenfalls dimensioniert werden, was durch Zukäufe geschieht. Dabei gilt: Je mehr, desto besser. Sparen, Nebenjobs und Überstunden sind Möglichkeiten, auch mit noch geringem Grundgehalt Investitionskapital zu generieren. Um sich selbst zur Disziplin anzuhalten, empfiehlt es sich, am Monatsanfang eine feste Summe in Sparpläne fließen zu lassen.

Irgendwann kommt man hoffentlich ins Rentenalter, das bei mir wahrscheinlich bereits bei über siebzig Jahren liegen wird. Die gesetzliche Rente ist schon lange nicht mehr sicher, wie einst von Norbert Blüm versprochen wurde, und die Aussichten für die Zukunft sind alles andere als rosig. Die Riester-Rente hat sich auch nicht wirklich bewährt. Glücklich also, wer lange Jahre in Aktien investiert hat. Wie ein Waldbauer kann er jetzt die »Ernte« einfahren. Dafür gibt es verschiedene Modelle. Man kann den Grundstock angreifen und regelmäßig Aktien verkaufen. Man kann aber auch sein Depot umstrukturieren und alles in Werte umschichten, die Dividenden ausschütten. Dazu gibt es Dividenden-ETFs, weltweit viele interessante Einzelaktien und in den USA sowie Kanada sogar solche, die jeden Monat eine Dividende zahlen. Dort ist es weit verbreitet, dass alte Menschen einen Teil ihrer Rente aus Dividenden beziehen. Dieses Modell hat zwei Vorteile: Die Substanz wird nicht angegriffen, und das in Aktien angelegte Kapital wird nicht durch Entnahmen verringert. Da Dividenden regelmäßig steigen, ist diese Zusatzrente auch inflationsgeschützt. Der zweite Vorteil ist, dass man das Depot an seine Nachfahren weitergeben kann.

Die schlechteste Lösung wäre – wie im Waldbau – der Kahlschlag, also der Komplettverkauf aller Positionen im Depot, denn das Bargeld würde der Inflation unterliegen, und es handelt sich dabei ohnehin letztlich nur um ein Versprechen der Zentralbank, dass es einen Gegenwert hat.

Zum Thema Alter möchte ich speziell auch noch die Möglichkeit ansprechen, ein Kinderdepot anzulegen. Es ist eine alte Tradition, zur Geburt eines Kindes einen Obstbaum im Garten zu setzen. Ich selbst habe dies für meine beiden Söhne direkt nach der Geburt getan – als Förster habe ich sogar gleich eine kleine Streuobstwiese angelegt. Was ich aber auch sofort nach ihrer Geburt unternommen habe: Ich habe nach einer Bank gesucht, die bereit war, für Babys ein eigenes Aktiendepot einzurichten. Das war gar nicht so leicht, und ein Bankberater meinte gar, ich wolle damit Steuern hinterziehen. (Weil Kinder auf Kapitalerträge keine Steuern zahlen, versuchen manche Anleger, mit Scheindepots, die auf ihren Nachwuchs laufen, ihm aber nicht wirklich gehören, die Besteuerung zu umgehen.) Ich wurde letztlich bei der Consorsbank fündig, habe aber gehört, dass inzwischen zahlreiche Banken diese Möglichkeit anbieten. Auf den Punkt »Kinderdepots« gehe ich noch speziell im Kapitel »Wie investiert ein Förster« ein.

KAPITEL 13

SCHAUEN SIE AUF DIE GROSSEN TRENDS

LANGFRISTIGES DENKEN IST DAS A UND O IM WALD UND ZAHLT SICH AUCH AN DER BÖRSE AUS

Ein populäres Sprichwort lautet: »Nichts ist so ungewiss wie die Zukunft.« Doch genau diese Zukunft wird an der Börse gehandelt, und auch im Waldbau müssen wir uns so aufstellen, dass wir zukünftige Entwicklungen wie den Klimawandel antizipieren und den Wald hierfür schon heute entsprechend gestalten. Wie ich Ihnen an den Beispielen aus der Technikgeschichte aufzeigen will, kann man viel aus der Vergangenheit lernen. »Geschichte wiederholt sich nicht, aber sie reimt sich«, lautet ein anderes populäres Sprichwort. Und auch das können wir nutzen, indem wir uns die großen Entwicklungen anschauen und uns daran anpassen. Ich meine damit globale Megatrends wie die Digitalisierung, die alternde Bevölkerung und den Wechsel zu grüner Energieversorgung. Es gibt Firmen, die dafür gut aufgestellt sind und mit hoher Wahrscheinlichkeit stark wachsen werden. Andere werden verschwinden, wenn sie sich nicht neu erfinden und ihr Geschäftsmodell radikal ändern.

Neben einer grundsätzlichen großen Streuung an Aktien beziehungsweise Baumarten kann man also systematisch Schwerpunkte setzen, an der Börse zum Beispiel mit sogenannten Sektor-ETFs, die nur Unternehmen enthalten, deren Schwerpunktgeschäft eines dieser wachsenden Bedürfnisse bedient. Im Wald erreicht man dies, indem man an gewissen Standorten, an denen die Klimamodelle eine starke Erwärmung prognostizieren, besonders trockenheitsresistente Arten oder Rassen pflanzt, zum Beispiel statt der heimischen Buche die orientalische Buche aus dem Iran.

Ich möchte auf einige Trends eingehen, die sowohl an der Börse als auch im Wald eine Rolle spielen werden. Dabei gilt es, drei Bereiche zu unterscheiden: die ESG-Kriterien, nach denen Unternehmen bewertet werden, um Aufnahme in entsprechende Fonds zu finden. Hierbei steht das E für die Umwelt (environmental), das S für den sozialen Bereich (social) und das G für die Unternehmensführung (governmental). Dann gibt es die Sustainable Development Goals (SDG) der Vereinten Nationen. Die ESG-Kriterien beziehen sich auf das Handeln von Unternehmen und sind daher an der Börse von großer Bedeutung. Eine genaue Definition findet sich etwa auf der Homepage des Gabler Wirtschaftslexikons. Die SDGs hingegen sind Handlungsfelder, auf die man sich auf weltpolitischer Bühne innerhalb der Vereinten Nationen geeinigt hat. Die Mitgliedsstaaten arbeiten daran, Defizite abzustellen und definierte Ziele zu erreichen, zum Beispiel hinsichtlich der

Eindämmung von Kinderarbeit und Hunger sowie im Hinblick auf den Zugang zu sauberem Trinkwasser.

Der Begriff Megatrends ist nicht eindeutig definiert, bezeichnet aber viele Bereiche, in denen die SDGs Handlungsfelder sehen. Eine gute Übersicht zu Megatrends bietet das Zukunftsinstitut auf seiner Homepage. Nach dessen Definition sind Megatrends langsam beginnende Entwicklungen, die sich verstärken, mehrere Jahrzehnte andauern und die Gesellschaft auf mehreren Ebenen und im globalen Maßstab dauerhaft verändern werden. Dabei werden zwölf Megatrends identifiziert:*

1. Gender Shift: Hiermit ist der Wandel der gesellschaftlichen Rolle von Mann und Frau gemeint.
2. Gesundheit: Dies ist ein immer wichtigeres Gut in einer alternden Bevölkerung.
3. Globalisierung: Mit einem immer stärker werdenden globalen Austausch von Waren und Dienstleistungen geht auch eine Spezialisierung einher. Hierbei stellt sich meines Erachtens die Frage, ob die Coronapandemie eine gewisse Gegenbewegung auslöst.
4. Konnektivität: Dieser Megatrend beschreibt den Einfluss der Digitalisierung auf unsere Lebenswirklichkeit.
5. Individualisierung: In den urbanen Gesellschaften des Westens verliert die Einbindung in Familienstrukturen oder Dorfgemeinschaften an Bedeutung, mit einigen positiven, aber auch vielen negativen Auswirkungen. Diese

* www.zukunftsinstitut.de

für Soziologen interessante Tatsache eröffnet auch neue Geschäftsfelder, beispielsweise für Fertigmahlzeiten.

6. Mobilität: Man muss nur die Nachrichten verfolgen, um zu sehen, dass in diesem Bereich tiefgreifende Veränderungen bevorstehen.
7. New Work: Beschleunigt durch die Pandemie geht der Trend hin zum ortsunabhängigen Arbeiten. Weitere Entwicklungen sind die Zunahme freiberuflicher Dienstleistungen und der Trend zum mehrfachen Jobwechsel innerhalb des Berufslebens. Der israelische Konzern Fiverr vermittelt auf seinen Plattformen die Arbeiten von Freelancern. Sein Aktienkurs konnte sich 2020 vervielfachen.
8. Neo-Ökologie: Nicht nur im Wahlkampf 2021 zeigt sich das gestiegene Umweltbewusstsein.
9. Sicherheit: Wie ich schon über die Crashpropheten anmerkte, werden wir andauernd mit schlechten Nachrichten bombardiert. Die bekannte »German Angst« wird zum globalen Phänomen der Industriegesellschaften. Firmen aus dem Sicherheitsbereich wie die börsennotierte schwedische Securitas werden davon ebenso profitieren wie Rüstungskonzerne und die Anbieter von Sicherheitssystemen.
10. Urbanisierung: Landflucht und Verstädterung sind von Deutschland bis China ein Phänomen, das zu neuen Herausforderungen, aber auch zu neuen Chancen führt.
11. Silver Society: Die demografische Entwicklung führt immer weiter weg von der idealen Pyramidenform der Altersverteilung. Die Zeit der Rente wird länger, und somit steigt das Bedürfnis nach Freizeitbeschäftigungen, aber auch nach Gesundheitsleistungen.

12. Wissenskultur: Obwohl man in den Foren der Social Networks einen anderen Eindruck bekommen könnte, wird die Menschheit klüger. Davon profitieren unter anderem Unternehmen aus dem Bildungsbereich, von denen ich Ihnen eines noch näher vorstellen werde.

Ich werde jetzt auf einige dieser Trends detaillierter eingehen und zeigen, welche Relevanz sie für Anleger und manchmal auch für die Wälder haben werden.

Wie in allen Lebensbereichen haben die **Digitalisierung und die Automatisierung** auch die Forstwirtschaft verändert. Es wird in den kommenden Jahrzehnten noch zu weiteren großen Veränderungen kommen. Förster sind heute schon halbe Geoinformatiker, und das Verständnis für neue Technologien wird immer bedeutender. Als ich mit meiner Laufbahn begann, waren ältere Kollegen begeistert von der neuen Errungenschaft des Handys. Mussten sie früher viel Bürozeit mit Telefonaten verbringen, so konnten sie diese jetzt während ihrer Autofahrten zwischen den einzelnen Revierteilen führen. Die Schattenseite war eine ständige Erreichbarkeit, die bei einigen zur Ablehnung der Mobiltelefone führte. Inzwischen haben wir Smartphones und Tablets, die nicht nur zusätzlich eine ortsunabhängige E-Mail-Kommunikation ermöglichen, sondern uns auch per GPS zu Flächen führen. Zudem haben sie Standortdaten über Bodenverhältnisse, Meereshöhe und Waldstruktur hinterlegt und ermöglichen uns auch gleich die Bearbeitung von Dokumenten wie Förderanträgen. Bei der als Forsteinrichtung bezeichneten Betriebsplanung werden Waldbestände kartiert und Behandlungen für die nächsten zehn Jahre vorgeschrieben. Mussten

Forsteinrichter früher noch tagelang durch die Wälder laufen, so übernehmen heute Drohnen und Satelliten diese Arbeit, und am Boden müssen allenfalls noch Proben zur Feinkalibrierung genommen werden.

In allen forstlichen Bereichen kommt neue Technologie zum Einsatz, von der Vermessung des geernteten Holzes per Video-App bis hin zur Abfuhrlogistik und dem Forstschutz. So können Drohnen anhand der Spektralfarben der Krone erkennen, ob ein Baum von Borkenkäfern befallen ist, und finden befallene Bäume zuverlässig auch in unzugänglichen Gebieten. In Zukunft ist es denkbar, dass – wie schon heute in der Landwirtschaft – selbst fahrende Harvester zum Einsatz kommen, die auch die Bodenverhältnisse bestimmen und den Reifendruck dem Untergrund optimal anpassen.

Von diesen Entwicklungen profitiert die Wirtschaft unter dem Strich als Ganzes, aber einzelne Unternehmen tun dies überproportional. Da es in neuen Industrien immer sehr schwer ist, abzuschätzen, wer sich am Ende durchsetzen wird, sollte man das Prinzip der Diversifizierung zur Risikominderung hier besonders diszipliniert anwenden. Der Markt trägt dem Rechnung. Es gibt zahlreiche Spezial-ETFs, mit denen alle Megatrends abgebildet werden. Für den Bereich Digitalisierung und Automatisierung wären neben vielen anderen folgende Produkte interessant:

- iShares Digitalisation UCITS ETF
- HANetf Digital Infrastructure and Connectivity UCITS ETF
- iShares Automation & Robotics UCITS ETF
- Artificial Intelligence & Big Data UCITS ETF

Alle großen ETF- und Fonds-Anbieter widmen sich inzwischen diesem Thema. Nicht nur auf die Kosten für ein Produkt sollte man achten, sondern sehr viel mehr darauf, wie sich der betreffende ETF zusammensetzt, also welche Firmen er enthält. Hier gibt es große Unterschiede. Auch das Volumen des Fonds ist ein wichtiges Kriterium. Wenn er 500 Millionen Euro enthält, läuft man weniger Gefahr, dass er zu einem schlechten Zeitpunkt aufgelöst wird, als wenn er nur 50 Millionen Euro an Anlegergeldern verwaltet. Anders als bei klassischen Fonds sind die Gebühren bei ETFs ja sehr gering. Der Gewinn für die Anbieter ergibt sich aus der Größe des jeweiligen ETFs. Wenn zu wenige Anlegergelder in einen ETF fließen, kann er geschlossen werden, und die Anleger werden ausgezahlt. Es kann quasi passieren, dass man als Anteilseigner zu einem ungünstigen Augenblick quasi zu einem Verkauf gezwungen wird und Verluste realisiert. Je größer ein ETF ist, desto geringer ist dieses Risiko.

Ein weiterer Megatrend ist die **Überalterung der Gesellschaft**. Auch unsere Wälder sind teilweise überaltert. Hierfür sind Durchforstungsrückstände verantwortlich, da sich unter dem dichten Kronendach keine jungen Bäume etablieren konnten. Die Forstverwaltungen sind ebenfalls überaltert und können das Personal, das in der jetzigen Pensionierungswelle verloren geht, oft nicht adäquat ersetzen. Für die Gesellschaft ergeben sich hier zahlreiche Herausforderungen.

Zunehmende Gesundheitsprobleme im Alter erfordern teure Behandlungen. Gleichzeitig steigt das Renteneintrittsalter nicht schnell genug, und die Beitragszeiten werden relativ zur Lebenserwartung immer kürzer. Durch die Rentenlücke ist es wichtiger denn je, privat vorzusorgen, zum Beispiel durch eine lebenslange Investition in die Kapitalmärkte.

Vereinsamung und der Wunsch nach Teilhabe am gesellschaftlichen Leben werden mit zunehmendem Alter zu wichtigen Fragen. Um diese Probleme zu lösen, gibt es natürlich viele Geschäftsmodelle, an denen man sich auch über börsennotierte Konzerne beteiligen kann. Neben Unternehmen aus der Gesundheitsbranche, der elektronischen Bildung und der Robotik gibt es auch hierfür spezielle ETF-Angebote. Als Beispiel nenne ich hier pars pro toto den iShares Ageing Population UCITS ETF, den ich selbst halte. Es mag bessere geben, vor allem da sich die Branche schnell wandelt, aber diese kann sich jeder selbst heraussuchen.

Den **Klimawandel** und seine Folgen könnte man ebenfalls als globalen Megatrend bewerten, sogar als den alles überlagernden und aktuell ganz oben auf den politischen Agenden stehenden Megatrend. Der Klimawandel erfordert Anpassungs- und Vermeidungsstrategien. Am besten wären global intakte Waldökosysteme, die den Wasserkreislauf durch Verdunstung regulieren und einen großen Wasserspeicher darstellen. Diese wurden aber vielerorts zerstört oder befinden sich in keinem guten Zustand. Zur Anpassung an die weltweit zunehmende Trockenheit und Verwüstung, die sich besonders drastisch in der wachsenden Sahelzone, aber auch in den landwirtschaftlichen Regionen Kaliforniens oder Israels zeigt, gibt es eben von dort auch sehr innovative Ansätze, das Problem zu lösen.

Es gibt genügend Wasser auf der Erde. Das Problem ist, dass es entweder verschmutzt ist oder dass es sich um Salzwasser handelt oder dass es nicht an den Orten vorhanden ist, wo es benötigt wird. Meerwasserentsalzung, Wasseraufbereitung und die Verteilung mit Pipelines in die Trockengebiete sind hier Lösungsansätze. Wie beim Thema Energie gibt es auch beim Wasserverbrauch große Sparpotenziale, etwa durch Tröpfchenbewässerung in der Landwirtschaft. Sehr innovative Konzerne arbeiten hier an Lösungen. Ein ETF, mit dem man diese Firmen durch finanzielle Beteiligung unterstützen und im Gegenzug an deren Gewinnen teilhaben kann, ist neben anderen der Lyxor World Water UCITS ETF.

Zur Vermeidung des sich immer schneller verschärfenden Klimawandels sind drastische Maßnahmen nötig. Von den Regierungen wird viel Geld bereitgestellt, um neben anderen Bereichen die Energieerzeugung von fossilen auf erneuerbare Quellen umzustellen. Die EU hat im sogenannten Green Deal 1.800 Milliarden Euro für die Reduktion der Treibhausgase um 30 Prozent eingeplant. US-Präsident Joe Biden kündigte gar ein 2.000 Milliarden Dollar schweres Investitionsprogramm an. Viele dieser Gelder kommen den erneuerbaren Energien zugute. Nicht nur in der Landwirtschaft sowie im Verkehr- und Baugewerbe liegt ein wichtiger Ansatzpunkt zur Vermeidung von Treibhausgasemissionen, sondern auch in der Energiewirtschaft selbst.

Neben Wind-, Solar und Wasserkraft setzen manche Länder auch auf die riskante Kernenergie oder auf gänzlich neue Ansätze. Bisher ist jedoch jede Form der Energieerzeugung »schmutzig«. Auch die Wasserkraft verursacht Schäden in den aquatischen Ökosystemen, die Windräder im Wald sind nicht nur hässlich, sondern schreddern auch seltene Vogelarten, und bei der Solarkraft braucht es Rohstoffe, deren Gewinnung Umweltschäden nach sich zieht. Speicherung und Transport des

Stroms stellen weitere Herausforderungen dar, die teilweise bürokratisch, vor allem aber technisch gelöst werden müssen.

Holzenergie kann dabei ein Baustein sein. Wer mit Holz heizt, es für Antriebe benutzt oder damit Strom erzeugt, ist weitgehend CO_2-neutral. Abgesehen von Ernte und Transport wird nur so viel an Treibhausgasen emittiert, wie vorher aus der Luft gebunden wurde. Auch bei der thermischen und energetischen Holznutzung gibt es ständige Verbesserungen, beispielsweise was den Ausstoß von Feinstaub anbelangt. Da mich dieses Thema sehr interessiert und der Wald hier sowohl Betroffener als auch Teil der Lösung ist, halte ich dazu einige Einzelaktien sowie den bekannten iShares Global Clean Energy UCITS ETF.

Ein wesentlicher Faktor, der der globalen Waldzerstörung Vorschub leistet, ist die Landwirtschaft. In Südostasien werden Urwälder für den Anbau von Ölpalmen gerodet und in Südamerika für Sojafelder. Da tropische Böden durch das dortige Klima wie gesagt sehr tief verwittert sind, sind die dortigen Nährstoffkreisläufe hochsensibel. Nahezu alle mineralischen Rohstoffe stecken als Biomasse in der obersten Bodenschicht und werden bei deren Verrottung freigesetzt und erneut von den Wurzeln aufgenommen. Wenn der Wald jetzt entfernt oder, noch schlimmer, verbrannt wird, so nimmt die Bodenfruchtbarkeit rapide ab. Das hat zur Folge, dass nach wenigen Jahren bereits erneut Waldflächen für neue Felder gerodet werden müssen, da die alten nicht mehr produktiv sind.

Forscher haben jedoch entdeckt, dass auch Waldökosysteme der Globalisierung nicht abgeneigt sind und sie als Chance nutzen. So wird phosphorreicher Saharasand mit den Windströmen über den Atlantik transportiert und »füttert« als mineralischer Dünger die Tropenwälder Südamerikas. Dies reicht jedoch nicht aus, um die oben angesprochenen Probleme auszugleichen. Was also tun? Weniger Fleisch zu essen, damit nicht mehr so viel Kraftfutter aus ebenjener Produktion importiert werden muss, mag kurzfristig helfen, wird aber nicht die langfristige Lösung darstellen. Nötig sind gänzlich neue Konzepte in der Ernährung, die über Low-Impact-Landwirtschaft bis hin zum Vertical Farming oder der heute noch futuristisch anmutenden In-vitro-Fleischproduktion reichen. Besonders boomt derzeit der Markt für vegane Produkte. Ein relativ neuer ETF eignet sich, um diesen Trend abzubilden: der Rize Sustainable Future of Food UCITS ETF.

Die **Landflucht und Urbanisierung** nehmen ebenfalls weltweit zu. Dachte man noch vor einigen Jahren, dass das Internet ein ortsunabhängigeres Arbeiten ermöglichen würde, so war es hier wie mit dem Papierverbrauch: Dieser nahm entgegen den Prognosen mit der Entwicklung von Computern zu. Auch die Verstädterung schreitet global voran, wenngleich die Coronapandemie hier kurzfristig eine Gegenbewegung ausgelöst hat. Was bedeutet das für die Wälder? Einerseits bedingt die Landflucht ein Höfesterben. Wälder werden nicht mehr bewirtschaftet, wenn der Besitzer hundert Kilometer entfernt in der Großstadt wohnt – mit allen negativen Konsequenzen. Andererseits wächst die Sehnsucht nach Naturerfahrungen. Die Massen aus den Großstädten möchten sich in der Freizeit in den Wäldern erholen.

Urbane Wälder haben für Großstädte eine hohe Bedeutung im Hinblick auf das Mikroklima. Sie filtern Feinstaub aus der Luft und sorgen für deren Zirkulation. Sie verdunsten Wasser, ziehen für die Photosynthese Energie aus der Luft und bieten Schatten, was bei zunehmenden Extremtemperaturen wichtig für die Gesundheit ist. Urbanes Grün ist auch Rückzugsort für Tiere und beruhigt die Gemüter im hektischen Großstadtalltag. Hierzu gibt es inzwischen auch eigene ETFs wie den Amundi Smart City UCITS ETF.

Ich empfehle, in die Factsheets der ETF-Anbieter zu schauen. Man erfährt dadurch von Unternehmen, von denen man noch nie etwas gehört hat und die dennoch Branchenführer in bestimmten Industrien oder Marktführer in exotischen Ländern sind. Zum anderen aber kann man auch überprüfen, ob ein ETF nicht nur einen reißerischen Titel trägt, um einen aktuellen Hype zu bedienen. Bei einem Marihuana-ETF ist noch relativ klar, dass er Unternehmen enthält, die entweder Hanf anbauen, verarbeiten oder verkaufen, oder Unternehmen, die Equipment und Dienstleistungen für diese Wertschöpfungskette bereitstellen. Beim Thema »Smart City« erschließt sich mir das nicht auf den ersten Blick. Ein Beispiel ist die auch von mir gehaltene Aktie von iRobot; das betreffende Unternehmen produziert unter anderem Haushaltsroboter. Diese benötige ich aber auf dem Land genauso wie in der Stadt. Mein Tipp lautet, kostengünstige breite ETFs zu kaufen, die den Weltmarkt abbilden, und Themen-ETFs allenfalls beizumischen, so wie die Douglasie im deutschen Wald.

Welche Unternehmen aber profitieren von dieser Entwicklung? Neben Infrastrukturunternehmen und vielen anderen sind dies leider auch die Anbieter von Computerspielen. Hier schlagen zwei Herzen in meiner Brust. Zum einen ist der Bereich Computerspiele von starkem Wachstum geprägt, und insbesondere die E-Sports, also Wettkämpfe unter Spielern, entwickeln sich zu einem eigenen Megatrend. Einer meiner am besten performenden ETFs, der VanEck Vectors Video Gaming and eSports UCITS ETF, sorgt dafür, dass auch ich an dieser Entwicklung teilhabe. Andererseits bin ich seit Jahren praktizierender Waldpädagoge und sehe die zunehmende Naturentfremdung mit sehr großer Sorge. Der Wald spielt eine wichtige Rolle als Ausgleich zur digitalen Welt und bietet Erholung, wo Computerspiele nur für weitere Anspannung sorgen.

Auch die allgemeine **Globalisierung** kann man als Megatrend betrachten. Für den Wald selbst hatte sie vorwiegend negative Auswirkungen. Durch den globalen Warenverkehr werden Schädlinge eingeschleppt, gegen die es keine Resistenzen gibt. Einige Baumarten wie die Ulme wurden dadurch fast ausgerottet und spielen wirtschaftlich keine Rolle mehr. Der Export von Agrargütern führt zur Rodung großer Regenwaldflächen, und der Transport von Holz in die rohstoffhungrigen Länder China und Japan verursacht viele Emissionen. Andererseits läge auch eine Chance darin, wenn teure Tropenhölzer nachhaltig im Dauerwald produziert würden und an reiche Kunden in der westlichen Welt verkauft werden könnten. Nach Meinung von Entwicklungshelfern würde dadurch zudem der Waldschutz verstärkt. Der Wald würde einen wirtschaftlichen Wert bekommen. Von der Globalisierung profitieren unter dem Strich alle Wirtschaftsbereiche, zumindest diejenigen, die an der Börse notiert sind, weshalb ich hier auch keinen spezifischen ETF nenne.

Man kann die Zukunft nicht vorhersehen, aber gut erkennen, was in den nächsten Jahrzehnten auf uns zukommen wird. So ist es kein Geheimnis, dass sich das Klima ändert und damit veränderte Umweltbedingungen den Bäumen Probleme bereiten werden. Darauf kann man sich durch frühzeitige Maßnahmen wie die Beimischung von trockenheitsresistenten Arten einstellen. Auch in der Gesellschaft gibt es unausweichliche Entwicklungen. Die Überalterung ist eine davon, ebenso wie die Digitalisierung oder der Trend, von den fossilen Energieträgern wegzukommen. Wer hier leichte Schwerpunkte in seinem Depot setzt, kann überproportional daran partizipieren. Wichtig ist jedoch, dass man nicht jedem Produkt, das verkauft wird, blind vertraut, sondern sich eigene Gedanken macht. Man verpasst auch nichts, wenn man nicht sofort investiert, denn Megatrends sind dadurch gekennzeichnet, dass sie sehr lange fortlaufen.

KAPITEL 14

VON REHEN UND FINANZBEAMTEN

IM WALD WIE AN DER BÖRSE GEHÖRT UNS DER ERTRAG NICHT ALLEIN

Das Thema Jagd muss unbedingt auch noch Erwähnung finden. Es ist untrennbar mit allen Fragen der Waldökologie verbunden. Und auch hier gibt es eine Analogie zur Börse, auch wenn es etwas unhöflich scheinen mag, sie so unverblümt auf den Tisch zu bringen. Die Jagd hat einen zunehmend schlechten Ruf in unserer Gesellschaft. Viele Menschen denken dabei an schießwütige, alte, weiße Männer, denen es Freude bereitet, niedlichen Bambis Leid zuzufügen. Das öffentliche Bild vom Förster ist eher, dass er das verletzte Bambi zum Tierarzt bringt. Zumindest wird es in den meisten, eher seichten Fernsehserien so dargestellt – ich denke, Sie wissen, von welchen ich spreche.

Tatsächlich ist genau das Gegenteil der Fall. Die Forstleute fordern in der Regel hohe Abschusszahlen und stehen dadurch in einem ständigen Konflikt mit der Jägerschaft, die viel Wild in unseren Wäldern sehen will. Das Jagdrecht in Deutschland und Österreich ist, anders als in Teilen der Schweiz, untrennbar mit dem Grund und Boden verbunden. Um die Jagd aber selbst ausüben zu dürfen, benötigt man nicht nur einen gültigen Jagdschein, sondern das Jagdgebiet muss auch eine gewisse Größe aufweisen. Im Flachland sind das um die 80 Hektar, im Gebirge um die 300 Hektar. Dadurch soll eine sinnvolle Bewirtschaftung von Wildpopulationen, die sich in einem gewissen Territorium bewegen, gewährleistet werden. Sollte man keine Jagdprüfung abgelegt haben oder eine kleinere Fläche eines Jagdgebietes besitzen, so ist man Zwangsmitglied in einer Jagdgenossenschaft. Es handelt sich dabei um eine juristische Person, und man verpachtet das Jagdrecht in der Regel auf mehrere Jahre.

Der Jagdpächter zahlt dafür eine erhebliche Summe Geld und übt die Jagd in seiner Freizeit aus. Er hat natürlich ein Interesse an einer möglichst großen Wildpopulation. Nicht nur, um bei seinen Ansitzen erfolgreich zu sein, sondern auch, weil bei vielen Jägern die sogenannte Trophäenjagd eine wichtige Rolle spielt. Sie wollen Hirsche und Rehböcke mit starken Geweihen. Die dafür notwendige Hege ist manchmal in ihren Auswüchsen fast schon vergleichbar mit der Züchtung von Nutztieren. In der Öffentlichkeitsarbeit werden durch die Jagdverbände sehr emotionale Bilder vermittelt, zum Beispiel von verhungernden Rehen – und niemand möchte, dass die armen Tierchen im Winter Hunger leiden. Also hat die Bevölkerung großes Verständnis für Fütterungen in Notzeiten und leistet Widerstand gegen angemessene Abschusszahlen, die behördlich verordnet werden.

Die Folge sind seit dem Zweiten Weltkrieg unnatürlich hohe Wildstände und ein dadurch bedingter starker Wildeinfluss, der alle vier Waldfunktionen (Schutz-, Nutz-, Erholungs- und Wohlfahrtsfunktion) massiv gefährdet. Konkret bedeutet das: Rehe fressen bevorzugt die Gipfeltriebe junger Bäume und bevorzugen dabei ausgerechnet Mischbaumarten, die zur Erfüllung dieser Funktionen besonders wichtig wären. Oft wird also beispielsweise der Jungwuchs von Tanne, Esche oder Ahorn abgefressen, während die Fichte sich unverbissen verjüngen kann. Claus-Peter Lieckfeld hat dies in seinem Werk *Tatort Wald. Georg Meister und sein Kampf für unsere Wälder* sehr nachvollziehbar aufgearbeitet.

Natürlich hat auch die Forstseite eine Mitverantwortung, denn viele Wälder sind überaltert, und durch mangelnde Nutzungen konnte nicht genügend Licht auf den Boden fallen, damit ausreichend junge Bäume hätten nachwachsen können. Die wenigen Verjüngungsflächen sind einem starken Verbissdruck ausgesetzt, wenn das Wild ansonsten nur eine dunkle Fichtenwüste mit braunen Böden und ohne Sträucher geboten bekommt. Der scharf formulierte Satz »Wald vor Wild« im Bayerischen Jagdgesetz resultiert aus dieser Problematik, ist aber falsch oder zumindest schlecht formuliert.

Wald und Wild gehören zusammen. Das Wild soll seinen fairen Anteil bekommen, aber eben auch nicht mehr als diesen Anteil, da sonst die Nachhaltigkeit gefährdet ist. Kommen wir nun zu meinem etwas unhöflichen Vergleich: Genauso wie das Wild soll auch das Finanzamt seinen fairen Anteil bekommen, aber eben auch nicht mehr, da sonst unsere Vorsorgeziele und unser Wohlstand gefährdet sind. Es ist unbedingt notwendig, sich sehr genau mit den Feinheiten der Besteuerung von Kapitaleinkünften auseinanderzusetzen und alle legalen Optimierungsmöglichkeiten auszuschöpfen.

Am wichtigsten ist es, bestehende Sparmöglichkeiten auch zu nutzen. Das heißt im Konkreten: Pro Jahr können bis zu 801 Euro an Kapitalerträgen (also Gewinnen aus der Geldanlage) steuerfrei bleiben. Bei zusammen veranlagten Ehepaaren sind es 1.602 Euro. Das nennt man den Sparerpauschbetrag. Die Bank nimmt den Steuerabzug direkt vor, denn sie weiß zunächst nicht, ob ein Depotinhaber diesen Sparerpauschbetrag schon ganz oder teilweise anderweitig nutzt. Daher muss im Vorfeld angewiesen werden, wie viel vom Gewinn vom Abzug der Kapitalertragsteuer verschont bleiben soll. Das macht man mit einem Freistellungsauftrag. Man könnte auch sagen: Ein Freistellungsauftrag ist wie ein Zaun, der die Rehe aus bestimmten Flächen heraushält. Bei mehreren Banken muss der Sparerpauschbetrag aufgeteilt werden. Dann sind mehrere Freistellungsaufträge nötig, bei denen jeder einzelnen Bank mitgeteilt wird, bis zu welcher Höhe die Steuerverschonung greifen soll. Das Formular erhält man bei den einzelnen Banken. Es ist nicht schwer auszufüllen und sorgt von vornherein für eine Steuerersparnis. Die Depotbank kümmert sich dann auch darum, dass im Rahmen der gesetzlichen Vorgaben Gewinne mit Verlusten verrechnet werden.

Trotzdem gilt: Wer Erträge oberhalb des Sparerpauschbetrags erzielt oder seinen Sparerpauschbetrag nicht optimal ausnutzen konnte, sollte sich steuerlich beraten lassen. Die Abgabe der Anlage KAP (»Einkünfte aus Kapitalerträgen«) zusammen mit der Einkommenssteuererklärung bringt hier womöglich eine beträchtliche Steuererstattung.

Da das deutsche Steuerrecht eines der kompliziertesten der Welt ist, nutze ich hier die professionellen Dienste eines Steuerberaters, den ich mir auch einiges kosten lasse. Wie schon erwähnt gibt es Bereiche, in denen sich falsche Sparsamkeit rächt.

KAPITEL 15

GENDERFRAGEN

ES BRAUCHT MEHR FRAUEN, IM WALD WIE AUCH IN DER FINANZWELT

Ein Buch zu schreiben, dauert deutlich länger, als ich dachte. So ist es inzwischen Sommer. Doch es ist nicht irgendein Sommer. Es ist ein Corona-Sommer. Und während sich viele Deutsche fragen, ob sie sich in den wohlverdienten Sommerurlaub in den Süden Europas wagen sollen, da ihnen nach der Rückkehr eine Quarantäne zumindest der noch ungeimpften Kinder drohen könnte, sieht man im Fernsehen fassungslos zu, wie zwanzig Jahre Aufbauarbeit in Afghanistan in wenigen Wochen zurück auf null gesetzt werden. So wie vor Jahrzehnten die Schlagzeile »Dien Bien Puh ist gefallen« ganz Europa in Aufregung versetzte, heißt es jetzt »Kabul ist gefallen«.

Besondere Sorge gilt dabei insbesondere zwei Gruppen: jenen, die aktiv in der Hoffnung, ihr Land in die Zukunft zu führen, für westliche Organisationen oder Streitkräfte gearbeitet hatten, sowie den Frauen. Wohingegen sich Erstere durch ihr aktives Handeln und ihren Mut in die jetzt gefährliche Situation gebracht haben, wird den Frauen allein ihre Geschlechtszugehörigkeit zum Verhängnis. Dass so etwas im 21. Jahrhundert möglich ist, macht sprachlos.

Hier im Westen ist man schon deutlich weiter, wobei die oft skurrilen Debatten um die Schreibweise bestimmter Wörter durchaus verdecken, dass auch wir noch von wahrer Gleichberechtigung weit entfernt sind, zumindest in den Köpfen. Ich meine damit nicht »Gleichheit«. Ich bin der Ansicht, dass es durchaus Unterschiede zwischen den Geschlechtern gibt, die natürlich beim einzelnen Individuum nicht immer ausgeprägt sein müssen. Diese Unterschiede sind wertvoll, da sie mit spezifischen Fähigkeiten, Stärken und Vorteilen verbunden sind. Sie sehen, dass sich das Thema Vielfalt wie ein roter Faden durch dieses Buch zieht. Das klassische Rollenbild ist jenes, dass der Mann das Geld verdient und die Frau allenfalls die Haushaltskasse verwaltet. Alles, was darüber hinausgeht, wie die Frage nach der richtigen Geldanlage, wird in der Regel auch heute noch von den Männern übernommen.

Männer neigen eher dazu, emotionale Entscheidungen zu treffen und höhere Risiken einzugehen. Es gibt nur wenige Berichte von Frauen, die am Kartentisch oder im Casino sprichwörtlich Haus und Hof verspielt haben. Diese Eigenschaft hat aber auch einen Vorteil: So sind es eher Männer, die den Weg an die Börse finden, die ja völlig zu Unrecht von vielen als hoch riskant angesehen wird. Sie tun damit häufig den wichtigen ersten Schritt, überhaupt einmal mit dem Investieren zu beginnen. Der Nachteil ist, dass sie häufig zu hohe Risiken eingehen, dadurch Geld verlieren und sehr schnell die Lust an der Börse wieder verlieren. Frauen hingegen tun sich oft schwer damit, Geld in Aktien anzulegen. Gerade für sie wäre es aber durchaus wichtig. Häufig sind sie durch lange Kindererziehungszeiten schlecht abgesichert. Die Politik hat es immer noch nicht geschafft, diese hohe Leistung für die Gesellschaft adäquat zu würdigen und die Rentenmodelle entsprechend anzupassen. Insbesondere bei Trennungen nach langjährigen Ehen haben Frauen oft das Nachsehen. Doch auch aus psychologischer Sicht ist es sicher besser, nicht das Gefühl zu haben, vom Ehemann abhängig zu sein und die Finanzen in die eigene Hand zu nehmen.

Wenn Frauen den Weg an die Börse erst einmal gefunden haben, so sind sie dort häufig erfolgreicher als Männer. Dies ist auch in meiner eigenen Familie der Fall. Ich gebe zu, dass n = 1 keine ausreichende Stichprobengröße ist, um dies wissenschaftlich zu belegen, aber es deckt sich mit den Erfahrungen aus dem Freundes- und Bekanntenkreis sowie dem, was häufig den Medien zu entnehmen ist.

Dass sich hier trotz »Binnen-I« und Gendersternchen in den Köpfen nicht sehr viel geändert hat, zeigt das Beispiel eines Banktermins, den ich zusammen mit meiner Frau wahrnahm. Ihr Bankberater hatte sie einbestellt, da der hauseigene Fonds, der meiner Frau vor über zehn Jahren verkauft worden war, in diesem langen Zeitraum nicht nur schlecht performte, sondern sogar Verluste generierte. Man wollte ihr ein neues Produkt des Hauses verkaufen, bei dem meiner Ansicht nach dieselbe Entwicklung zu erwarten gewesen wäre. Obwohl es um das Vermögen meiner Frau ging und ich nicht zu erkennen gab, dass ich ein vertieftes Wissen in diesem Bereich hatte, kommunizierte der Bankberater fast ausschließlich mit mir.

Weshalb aber sind Frauen, die den Weg an die Börse gefunden haben, oft so erfolgreich? Meiner Ansicht nach ist es gerade ihre Risikoaversion. Schon Warren Buffett sagte, eine der wichtigsten Börsenregeln sei es, kein Geld zu verlieren. Denn wer 50 Prozent verliert, muss 100 Prozent Gewinn machen, nur um wieder bei null zu stehen. Frauen investieren eher in konservative Aktien oder ETFs und streuen breiter, was auf lange Sicht eine ansehnliche Rendite garantiert. Es freut mich sehr, dass es inzwischen viele Beispiele von erfolgreichen Börsianerinnen gibt, und zwar aus allen Generationen. Die jüngst verstorbene »Börsen-Oma« Beate Sander, die zahlreiche Bücher geschrieben hat und in vielen Podcasts und anderen Onlineformaten aufgetreten ist, ist ein bekanntes Beispiel. Ebenso die erfolgreiche Bloggerin Natascha Wegelin.* Und auch in der professionellen Finanzwelt hat sich gezeigt, dass Frauen sehr erfolgreich sind. So zählten im Jahr 2020 die von der amerikanischen Investoren-Koryphäe Cathie Wood herausgegebenen ARK-Fonds zu den erfolgreichsten ETFs weltweit mit gigantischen Renditen.

Auch in der forstlichen Welt sind Frauen klassischerweise unterrepräsentiert. War ihnen der Zugang zu forstlichen Berufen in der Vergangenheit ganz verwehrt, so ergreifen heute glücklicherweise zunehmend junge Frauen ein Forststudium. Viele davon gehen dann jedoch in andere Bereiche, sei es der Naturschutz oder das betriebliche Umweltmanagement. Dabei wären sie gerade in den traditionellen Männerdomänen der staatlichen Forstverwaltungen oder auch in Forstbetrieben sehr wichtig. Nicht umsonst achten erstklassige Unternehmensberatungen nicht nur auf eine große Mischung von

---

* https://madamemoneypenny.de

verschiedenen Berufen und Ausbildungswegen, sondern auch auf ein ausgewogenes Geschlechterverhältnis ihrer Belegschaft. Angesichts der Überalterung und der bevorstehenden Pensionierungswelle und erst recht aufgrund des sich verstärkenden Fachkräftemangels ist es notwendig, dass die Forstbehörden mehr Frauen einstellen und für diese interessanter werden. Sinnvoll ist das aber auch, weil Frauen andere Denkweisen in die oft zu sehr in traditionellen Denk- und Handlungsmustern gefangenen Organisationen bringen.

Auch haben Frauen in der Regel andere Interessenschwerpunkte und helfen so, Defizite in dem breiten Aufgabenfeld der Förster auszugleichen. Ihnen liegt die wichtige Waldpädagogik in der Regel mehr als ihren männlichen Kollegen. Diese sind häufig eher introvertiert und sehen sich nicht als »Märchenonkel« (Zitat eines ehemaligen Kollegen). Naturschutzfragen nehmen bei der Bewirtschaftung der Wälder an Bedeutung zu. Frauen wählen eher Fächer aus dem Bereich der Ökologie und haben hier ein tieferes Verständnis – zumindest ist dies mein Eindruck. Ob es empirisch belegbar ist, wird derzeit in einem großen europäischen Forschungsprojekt untersucht, dessen Ziel es ist, die Rolle der Frauen in der Forstwirtschaft zu stärken.*

* http://www.interreg-danube.eu/approved-projects/fem4forest

TEIL 3

KONKRETE TIPPS

KAPITEL 16

DER WALD ALS INVESTMENT

WIE MAN MIT DEM WALD GELD VERDIENEN KANN

Vom Wald kann man nicht nur vieles lernen, um erfolgreich an der Börse zu agieren. Man kann auch direkt in den Wald investieren und auf vielfältige Weise damit Geld verdienen. Die klassischste Art besteht darin, Wald zu kaufen, das Holz zu ernten und zu vermarkten. Global gibt es ein großes Interesse an Anlagen in Ackerland und Waldflächen. Zum einen sind es große »Family Offices«, also Vermögensverwaltungen reicher Privatpersonen, die land- und forstwirtschaftliche Grundstücke zur Diversifikation in ihre Portfolios aufnehmen. Zum anderen sind es strategische Investoren, denn fruchtbare Böden und auch Waldflächen sind wertvolle und begrenzte Ressourcen.

Beim Ackerland führt diese auch als Landgrabbing bezeichnete Praxis häufig dazu, dass sich regionale Bauern die Pacht nicht mehr leisten können und ihre Betriebe aufgeben müssen. Die kleinbäuerliche Landwirtschaft ist aber nachhaltiger, ökologischer und schafft mehr Arbeitsplätze, sodass dieser Trend sehr negativ zu bewerten ist und auch in Industrieländern das Vorkaufsrecht der Bauern stärker politisch geschützt werden sollte. Beim Wald ist das Ganze weniger problematisch. Auch ein Investor, der Waldflächen erwirbt, muss sich an die in Mitteleuropa strengen gesetzlichen Vorschriften halten und darf keinen Raubbau betreiben. Er gefährdet meist keine bäuerlichen Existenzen, denn Wald dient allenfalls der Ergänzung des Betriebseinkommens, ist aber selten die Haupteinnahmequelle. Vielmehr werden Wälder häufig gar nicht mehr bewirtschaftet, was wie bereits dargestellt, sehr negative Auswirkungen hat. Es handelt sich hierbei um ein europaweites Problem, wohingegen in anderen Teilen der Welt leider ein unglaublicher Raubbau betrieben wird.

Eine Anlage in Wald kann mit verschiedenen Erwartungshaltungen erfolgen. Zum einen wurde vor zwanzig Jahren vielfach auf eine Umwidmung in Bauland spekuliert, vor allem im Speckgürtel der Metropolregionen. Dann gab es Investoren, die Waldflächen kahl schlugen und die Grundstücke danach weiterverkauften, was ihnen einen nicht sehr am Gemeinwohl orientierten Gewinn bescherte. Heute wird vielmehr zum Zwecke der Diversifikation und zum Inflationsschutz in Wald investiert. Er stellt einen Wertspeicher dar, ohne dass er groß bewirtschaftet wird. Letzteres sollte man aber tun, denn Holz ist ein wertvoller Rohstoff und kann durchaus Geld einbringen. Entweder macht man selbst einen Motorsägenschein oder man überlässt die gefährliche Holzernte den Profis. Eventuell kann man sich auch über einen Waldpflegevertrag einer Waldbesitzervereinigung anschließen. Beraten wird man derzeit kostenlos durch den örtlich zuständigen Förster. Auch wenn der Holzpreis höher sein könnte, so ergibt sich doch ein schöner Gewinn, der oft noch steuerbegünstigt ist. Leider sind die Holzpreise seit dreißig Jahren allenfalls schwach gestiegen, wohingegen sich die Preise anderer Produkte vervielfacht haben. Auch die Holzerntekosten sind stark angestiegen, also Löhne und die Kosten für Maschinen. Der Brennholzverkauf kann dennoch eine lukrative Nebeneinnahme darstellen. Und wer mit dem eigenen Holz heizt, ist diesbezüglich nicht nur CO_2-neutral, sondern spart sich auch teures Heizöl oder Gas.

Von Zeit zu Zeit kann man als Waldbesitzer auch einmal das Glück haben und einen unerwarteten Schatz finden, etwa einen Riegelahorn, also einen Ahorn mit einem ganz speziellen, welligen Verlauf der Holzfasern, dessen Holz für teure Furniere verwendet wird, oder eine engringige Fichte in Klangholzqualität, die im Instrumentenbau zum Einsatz kommt und deren Holz Spitzenpreise erzielt. Diese teuren Stämme werden auf sogenannten Wertholzsubmissionen veräußert, einer Art Versteigerung, zu der in der Regel Käufer aus ganz Europa anreisen. Bezüglich der Vermarktung gibt es Waldbesitzervereinigungen, denen man sich anschließen kann und die auch weniger erfahrene Waldbesitzer unterstützen.

Eine nur wenigen Insidern bekannte Form, mit Wald Geld zu machen, erscheint mir derzeit sehr lukrativ. Da ich aber ein Haus abzahlen muss und daher nicht viele liquide Mittel habe, teile ich sie gerne mit Ihnen. Es geht um das sogenannte Ökokonto. Eine Professorin für Landschaftsplanung bestätigte mir, dass dies auch aus ihrer Sicht derzeit die mitunter lukrativste Form der Landnutzung darstellt. Was ist ein Ökokonto? Wenn jemand ein Bauvorhaben umsetzt, wird dafür in der Regel ein ökologischer Ausgleich gefordert. Sofern von den zuständigen Behörden keine konkrete Maßnahme vorgeschrieben wird, kann dieser Ausgleich auch über Ökopunkte erbracht werden, die von einem Ökokonto abgebucht werden, das auch von Privatpersonen geführt werden kann. Um das Konto aufzuladen, muss man in Vorleistung gehen. Das Grundprinzip besteht darin, eine Fläche durch aktives Handeln, das nicht gesetzlich vorgeschrieben ist und das nicht anderweitig durch den Staat gefördert wird, ökologisch aufzuwerten. Die örtlichen Landratsämter entscheiden, ob eine Maßnahme geeignet ist und wie sie zu bewerten ist. Sie legen also zum Beispiel eine Streuobstwiese auf einem Acker an, schaffen ein Feuchtbiotop in einer artenarmen Weidefläche oder wandeln einen Fichtenreinbestand in einen hochwertigen Mischwald um. Dafür erhalten Sie je nach Wertigkeit der Maßnahme Ökopunkte. Das Großartige daran ist, dass sich diese auch verzinsen. Denn je länger eine Aufwertung zurückliegt, desto höher ist ja auch der ökologische Nutzen. Diese Punkte können Sie jetzt gegen Bezahlung einem Projektträger zur Verfügung stellen. Das Positive ist auch, dass gerade solche Flächen, die man aufwerten kann, häufig sehr preiswert zu erwerben sind.

Weitere Formen, sich mit einem eigenen Wald ein Nebeneinkommen aufzubauen, sind Führungen und Waldpädagogik. Es gibt in Deutschland, Österreich und der Schweiz jeweils eigene Zertifikatsausbildungen zum Waldpädagogen. Der Bedarf für Führungen ist groß, und da der Wald nur für die individuelle Erholung betreten werden darf, braucht es eine Vereinbarung mit einem Waldeigentümer oder eben eine eigene Parzelle, um diese durchführen zu können. Neben Führungen für Schulklassen werden auch von immer mehr Erwachsenen

Führungen oft mit speziellen Inhalten nachgefragt. Besonders Firmen nutzen Outdoorveranstaltungen zunehmend als Maßnahme zum Teambuilding. So führte ein Kollege von mir einst eine Nachtwanderung ohne künstliche Lichtquellen durch den sommerlichen Wald. Er tat dies im Dienst und für die Teilnehmer unentgeltlich. Es war Teil der forstlichen Öffentlichkeitsarbeit. Im Anschluss meinte jemand, der bei einem großen Münchener Konzern beschäftigt ist, zu ihm: »Dafür hätten Sie mindestens dreitausend Euro verlangen können.«

Zu einem großen Zukunftsthema und einer interessanten Einnahmequelle für Waldeigentümer könnte sich auch die Generierung von CO_2-Zertifikaten entwickeln. Was in Neuseeland bereits praktiziert wird,* wird bei uns zumindest schon stark diskutiert. Holz spielt eine wichtige Rolle im Kohlenstoffkreislauf, und das Aufforsten neuer Wälder ist eine effektive kurzfristige Maßnahme, um Kohlenstoff aus der Luft zu binden. Es könnte uns Zeit verschaffen, bis technische Lösungen gefunden werden, die wirklich effizient sind. Unter dem Begriff »Carbon Harvesting« könnten sich sehr lukrative Möglichkeiten für Waldeigentümer ergeben. Ebenso aus neuen Förderprogrammen, die verstärkt die Wohlfahrtswirkungen der Wälder wie die Wasserreinigung abgelten. Dies wird bisher von den Eigentümern unentgeltlich zur Verfügung gestellt.

Das Verpachten von Flächen zum Bau und Betrieb von Windrädern sowie die Gewinnung von Kies und anderen Rohstoffen auf Waldflächen sind weitere mögliche Nebeneinnahmequellen. Sie sind zwar äußerst lukrativ, aber es hängt

---

* »Belohnung mit CO_2-Zertifikaten – Wie Neuseeland seinen Wald rettet«, in: *Frankfurter Allgemeine Zeitung* vom 03.10.2019.

von Standortfaktoren und der örtlichen Gesetzeslage ab, ob sie möglich, wirtschaftlich sinnvoll und ökologisch vertretbar sind, sodass sie nicht überall infrage kommen.

Man spürt ein zunehmendes Interesse von Unternehmen an ökologischen Projekten. Dies resultiert zum Teil aus dem Bedürfnis, durch Greenwashing das eigene »Ökorating« zu verbessern, das für viele Anleger immer wichtiger wird. Dahinter steckt auch der Wunsch, bei den Kunden ein besseres Bild abzugeben. Zum anderen folgen die Verantwortlichen in den betreffenden Unternehmen aber auch zunehmend ihrem ökologischen Gewissen und hegen den Wunsch, den eigenen ökologischen Fußabdruck zu verkleinern. Viele Firmen unterstützen heute schon sehr großzügig Maßnahmen, die die ökologischen Funktionen der Wälder stärken. Ein Beispiel von vielen ist die börsennotierte Swiss Re, ein Rückversicherungsunternehmen, das seit Jahren Projekte in den Bergwäldern des Alpenraumes großzügig unterstützt. Ich denke daher, es könnte ein lukratives Geschäftsmodell sein, großen Konzernen Waldflächen für eine Patenschaft anzubieten, die man für diese gegen Entgelt vorbildlich bewirtschaftet. Hier sind mir zwar noch keine Projekte bekannt, aber vielleicht ist einer unter Ihnen, der diese Ideen umsetzen möchte.

Man kann es als makaber bezeichnen, dass ich auch noch die Friedwälder erwähne, wobei diese eigentlich sehr pietätvoll und romantisch sind. Es handelt sich dabei um Friedhöfe im Wald, an denen ein Baum an Stelle des Grabsteines tritt, unter dem Verstorbene beigesetzt werden. Die Angehörigen haben hier vielfach einen größeren Bezug zu dem Platz, wo ihre Liebsten ruhen, und Grabstätten in Friedwäldern werden stark nachgefragt. Als Waldbesitzer kann man seine Flächen hierfür zum Beispiel im Rahmen von Pachtverträgen zur Verfügung stellen. Durch die Besonderheiten, wie die Widmung der Flächen als Friedhof, steht diese Form der Nutzung in Deutschland derzeit nur Kommunen offen. Es gibt Unternehmen, die in diesem Bereich tätig sind, wie die FriedWald GmbH, die auch Förster beschäftigt.*

Wer schon einmal einen Angehörigen beerdigen musste, der weiß, welch enorme Kosten damit verbunden sind. Musste man im Mittelalter noch viel Geld an die Kirche abtreten, um möglichst im Traufbereich des Kirchendaches beerdigt zu werden, was einem den schnelleren Weg ins Paradies ermöglichen sollte, so sind es heute neben der Kirche vor allem Bestattungsunternehmen, die gut verdienen. Meine Überzeugung ist, dass es Bereiche gibt, in denen viel Geld verlangt wird, da man weiß, dass Sparsamkeit hier bei den meisten ein schlechtes Gefühl in der Magengrube verursachen würde. Wer schon einmal einen Kinderwagen oder Autokindersitz erwerben durfte, der weiß, wovon ich spreche. Wer würde hier schon das billigere Modell wählen, wenn der Verkäufer anführt, dass es in Sicherheitstests etwas schlechter abgeschnitten habe? Genauso mutet es seltsam an, den Preis beim Juwelier für den Ehering herunterzuhandeln, wenn die Verlobte danebensitzt. Und so möchte man auch bei der Beerdigung eines nahestehenden Menschen nicht unbedingt mit Sparsamkeit glänzen. Auf der anderen Seite aber stehen jeweils Unternehmen, die natürlich eine Gewinnerzielungsabsicht und manchmal auch eine monopolartige Stellung haben. In Großbritannien und den USA gibt es auch börsennotierte Beerdigungsgesellschaften, wie die

* https://www.friedwald.de

Service Corporation International (Börsenkürzel an der New York Stock Exchange: SCI), aber derartige Investments waren bisher sogar mir zu befremdlich.

Zu guter Letzt sind auch die sogenannten Non-Timber Forest Products (NTFPs), also Nichtholzprodukte, eine potenzielle Einnahmequelle, was in unserer hiesigen forstlichen Praxis häufig als »forstliche Nebennutzungen« bezeichnet wird. War dies bisher vor allem in tropischen Ländern wirtschaftlich lukrativ, so wird es auch bei uns immer interessanter. Unter dem Sammelbegriff NTFPs werden Beeren, Pflanzen, Pilze und andere Waldfrüchte zusammengefasst. Diese dürfen bei uns in beschränktem Umfang von jedem gesammelt werden. Das gilt jedoch zum Beispiel nicht für Zweige von Tannenbäumen, die man als Schmuckreisig vermarkten kann, oder für die Samen der Bäume. Neben den bekannten Pinienkernen könnte man auch Bucheckern* und andere Samen verspeisen oder zu Öl verarbeiten. Auch Christbäume zu ernten, ist das Vorrecht des Waldbesitzers. Dies ist sogar ohne teure Ausrüstung und spezielle Ausbildungen möglich und bietet recht hohe Gewinnmargen. Ebenso ist die Jagdpacht eine Einnahme, die Ihnen regelmäßig zufließt, ohne dass Sie dafür Aufwendungen hätten. Wenn Ihre Flächen groß genug sind, um die Eigenjagdgröße zu erreichen, dürfen Sie das Wild bei entsprechender Befähigung auch selbst erlegen und vermarkten.

Bis auf das Investieren in die FriedWald GmbH oder in börsennotierte Beerdigungsgesellschaften, setzen die bisher angeführten Ideen voraus, dass Sie selbst Waldflächen besitzen. Bei

* https://www.buchengold.com

fast zwei Millionen Waldbesitzern allein in Deutschland mag dies auf einige Leser zutreffen. Andere werden in Erwägung ziehen, Wald zu erwerben, der ja noch viel mehr bietet als nur den ökonomischen Aspekt. Wenn Sie auf den Geschmack gekommen sind, so ermuntere ich Sie dringend, Wald zu kaufen, denn die Preise ziehen wie bei allen Immobilien immer stärker an. Grund und Boden sind nicht vermehrbar und stellen eine immer knapper werdende Ressource dar. Darüber hinaus ist ein privater Wald auch eine Investition in die Gesundheit. Einige mir bekannte Ärzte haben einen Motorsägenschein gemacht und ziehen die Waldarbeit inzwischen dem Fitnessstudio vor. Ich möchte aber auch noch andere Möglichkeiten vorstellen, am Wachstum der Bäume zu partizipieren. Diese Investitionen können Sie auch vom Wohnzimmersessel aus tätigen.

Eine einfache Möglichkeit, die gesamte Wertschöpfungskette der Forst- und Holzwirtschaft breit diversifiziert abzubilden, ist auch hier über einen Themen-ETF. Ich selbst halte den iShares Global Timber & Forestry UCITS ETF, in dem Hersteller von Forstmaschinen, Zellstoffproduzenten, Holzbauunternehmen und andere Unternehmen entlang der Wertschöpfungskette enthalten sind.

Sie könnten theoretisch auch eine Beteiligung an tropischen Wäldern erwerben oder direkt in diese investieren. Zahlreiche, auch deutsche Unternehmen bieten dies an. Es handelt sich dabei um Sekundärwälder, also ehemalige Urwaldflächen, die neu aufgeforstet werden.

Bei derartigen Angeboten muss man allerdings immer sehr auf der Hut sein. Es kann sich dabei um hoch riskante Anlagen handeln. Für mich sind Hochglanzprospekte mit hohen

Renditeversprechen immer ein Alarmzeichen. Es erinnert mich an Schiffs- und Solarfonds, die teilweise spektakulär gescheitert sind. Auch sollte man sich fragen, weshalb die Banken diese Projekte nicht finanzieren, denn sonst müssten die betreffenden Anbieter ja keine Privatanleger anwerben. Die Zeitschrift *Ökotest* hat sich schon vor zehn Jahren kritisch mit diesen Geschäftsmodellen auseinandergesetzt.*

Dennoch gibt es auch in diesem Bereich gute Modelle. Ein seriöses Unternehmen scheint mir zum Beispiel die Felber Forestal S.A.** zu sein, die in Paraguay diverse Projekte betreut, die ökonomisch und ökologisch sinnvoll erscheinen. Ich habe keine geschäftliche Beziehung zu diesem Unternehmen und bin auch nicht dort investiert, kenne aber persönlich leitende Mitarbeiter und habe auf Messen schon mit Firmenvertretern gesprochen. Die Projekte führen dazu, dass devastierte Flächen wieder einer sinnvollen Nutzung zugeführt werden. Es werden nicht nur Plantagen geschaffen, sondern auch Mischwälder und Agroforstsysteme. Dabei wird die Holzerzeugung mit der landwirtschaftlichen Produktion auf derselben Fläche verbunden, was zum Beispiel mit Kaffeepflanzen gut funktioniert. Zunehmend gibt es derartige Angebote auch in Europa.

Wer keine Waldflächen findet oder den Aufwand für Kauf und Bewirtschaftung scheut, der kann auch über die Börse zum Waldeigentümer werden. Es stehen sehr wenige, aber hochinteressante Aktien zur Auswahl. Eine davon ist das im Jahr 1900 gegründete US-Unternehmen Weyerhaeuser, das etwa 14 Millionen Hektar Wald bewirtschaftet, vor allem in den

* https://www.oekotest.de/geld-versicherungen/Uebersicht-Waldinvestments_96216_1.html
** www.felber-forestal.com

USA und Kanada. Bei derzeit 3,9 Millionen Aktien erwirbt man also rein rechnerisch einen Waldanteil von 3,5 Hektar pro Aktie. Nicht schlecht bei einem derzeitigen Aktienkurs von etwa 34 US-Dollar, wobei ein großer Teil der Flächen nur gepachtet ist. Das Unternehmen verdient zudem entlang der gesamten Wertschöpfungskette und vermarktet Erholungsleistungen ebenso, wie es das Holz weiterveredelt und die Flächen zur Erzeugung von Windenergie und anderen nachhaltigen und lukrativen Dingen zur Verfügung stellt. Weyerhaeuser gehört zur Gruppe der REITs. Diese Abkürzung steht für Real Estate Investment Trust und bezeichnet eine Kategorie von Grundstücks- und Immobilienunternehmen, die steuerliche Vorteile bieten. Im Prinzip müssen Gewinne auf Unternehmensebene nicht besteuert werden, aber dafür nahezu vollständig an die Eigentümer, also die Aktionäre, ausgeschüttet werden. Vor allem in den USA sind diese REITs sehr populär. Wer sich intensiver mit dem Thema beschäftigen möchte, dem empfehle ich die YouTube-Videos von Jens Rabe[*] und Nils Gajowiy[**] sowie das Buch von Luis Pazos.[***]

Ein weiterer Wald-REIT, also eine börsennotierte »Waldimmobiliengesellschaft«, wäre die PotlatchDeltic[****] mit Sitz in Washington. Der Konzern bewirtschaftet mehrere Tausend Quadratkilometer Land in den USA, darunter große Waldflächen. Neben dem Abbau von Bodenschätzen trägt die Ernte und Verarbeitung von Holz einen großen Teil zum Firmenergebnis bei.

---

* https://www.youtube.com/watch?v=EvjcdDzhX2U&list=PLbjKFWV6GoHAYyC1ZtAY-46yVcThMkoJNV

** https://www.youtube.com/watch?v=lJtUYveIjSI

*** *Geldanlage in REITs: Mit börsennotierten Beteiligungen zum globalen Immobilienportfolio*

**** https://www.potlatchdeltic.com/

Der Börsenlegende André Kostolany wird das Sprichwort zugeschrieben, man solle »bei einem Goldrausch nicht in Gold, sondern in Schaufeln investieren«. Land- und Forstwirtschaft nehmen an Bedeutung zu, getrieben durch eine explodierende Weltbevölkerung und deren Hunger nach Rohstoffen. Dennoch verdienen die Waldbesitzer daran verhältnismäßig wenig. Die »Schaufeln« in diesem Sektor wären meiner Ansicht nach die Hersteller von innovativen Veredelungsprodukten, wie Mayr-Melnhof, oder von Maschinen für die Bewirtschaftung der Flächen, wie John Deere, beides börsennotierte Unternehmen. Die österreichische Mayr-Melnhof Karton AG* gehört zu den größten Verpackungsherstellern der Welt. Die US-Firma John Deere** stellt moderne Land- und Forstmaschinen her. Ihr kommt auch der weltweite Hunger nach Agrarrohstoffen zugute. Der Bedarf an hochwertigen Spezialverpackungen aus Papier und Karton steigt durch den globalen Warenverkehr und den Onlinehandel rapide an.

Auch die Weltraum- und Drohnentechnologie sieht große Geschäftsfelder, sei es in der forstlichen Fernerkundung oder der Landwirtschaft, wo durch den Einsatz von Satelliten und Drohnen der Einsatz von Pestiziden gesteuert und der beste Erntezeitpunkt ermittelt werden kann.

---

* https://www.mm.group
** https://www.deere.com

KAPITEL 17

WIE INVESTIERT EIN FÖRSTER?

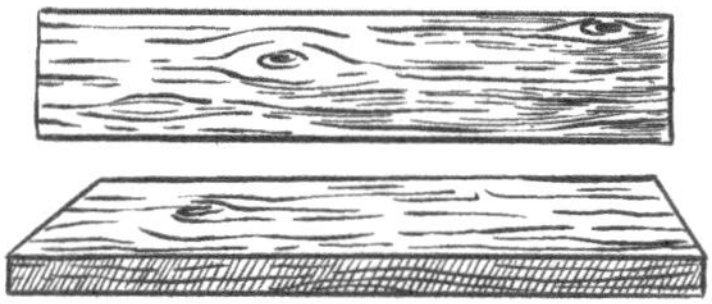

Zum Schluss möchte ich Ihnen mein eigenes Depot vorstellen und verraten, wie wir in unserer Familie das Geld anlegen. Aber zunächst möchte ich Ihnen meinen Werdegang an der Börse skizzieren. Denn ich habe die klassischen Entwicklungsstufen, durch die so ziemlich jeder Anleger muss, selbst durchlaufen und habe dabei auch die klassischen Anlagefehler begangen, die so ziemlich jeder Börsenneuling macht. Vielleicht hilft Ihnen die Beschreibung meiner Fehler ja, nicht jeden davon selbst auch zu machen.

So habe ich mich zu Beginn meiner Börsenlaufbahn sehr intensiv mit Börsenzeitschriften und Zeitungsartikeln beschäftigt. Diese oft reißerisch verfassten Publikationen müssen sich natürlich verkaufen, und so werden hier regelmäßig in übertriebener Art und Weise und in grellen Farben »Geheimtipps«, die angeblich bald durchstarten, und andere scheinbar einmalige Gelegenheiten präsentiert. Anstatt mich zu fragen, weshalb sich jede Woche derartige Chancen auftun und weshalb die Redakteure dieser Medienhäuser nicht die erfolgreichsten Fonds der Welt managen, habe ich mich, wie viele andere Menschen auch, mitreißen lassen und die Empfehlungen blind nachgekauft. Da sich eine »langweilige« Aktie wie die Münchener Rück natürlich nicht so emotional darstellen lässt, waren dies oft eher Pennystocks* oder Firmen, die weit davon entfernt waren, Gewinne zu erwirtschaften, die dafür aber in spannenden Zukunftsbranchen wie der Solarindustrie tätig waren oder charismatische Gründer als CEOs hatten. Ohne konkreten Plan investierte ich kreuz und quer in derartige Werte.

Mein Glück war, dass das Internet zu jener Zeit noch nicht die heutige Rolle spielte und ich von all den YouTube-Videos, Bloggern und Social-Network-Gruppen verschont blieb, die die Arbeit der Börsenmedien in gesteigerter Form fortsetzen und quasi gar keiner Kontrolle mehr unterliegen. Verstehen Sie mich nicht falsch: Es gibt im Internet ganz hervorragende Formate und es ist das Verdienst vieler Blogger, dass immer mehr junge Menschen den Weg an die Börse finden. Auch gibt es Börsenbriefe und Zeitschriften, die seriös sind und einen großen Mehrwert bieten. Die Kunst im Informationszeitalter besteht – wie bei anderen Dingen auch – darin, die Spreu vom Weizen zu trennen und die qualitativ guten Formate von

---

* Als Pennystocks werden Firmen bezeichnet, deren Aktienkurs weniger als 1 US-Dollar beträgt. Es handelt sich dabei oft um kleine und hoch spekulative Investments. Die Kurse sind leicht manipulierbar, was nicht selten von Betrügern ausgenutzt wird, die Pennystocks bewerben, hinter denen kein echtes Geschäftsmodell steckt. Sie selbst verkaufen die Aktien dann am Hochpunkt und der letzte, der sie hält, muss den Verlust realisieren. Der Film *The Wolf of Wall Street* mit Leonardo DiCaprio, der auf realen Ereignissen basiert, beleuchtet diese Vorgänge sehr anschaulich.

der Bauernfängerei zu unterscheiden. Und das ist am Anfang einer Börsenlaufbahn gar nicht so einfach.*

Das ist ein weiterer Grund dafür, dass es sinnvoll ist, so früh wie möglich mit dem Investieren an der Börse zu beginnen. Denn jeder wird zu Beginn seiner Anlegerkarriere Fehler machen. Und je früher man sie macht, desto größer ist die Wahrscheinlichkeit, dass die Verluste nur einige Hundert oder Tausend Euro bedeuten – und nicht wesentlich mehr. Hätte ich erst in meiner heutigen Lebensphase damit begonnen, so hätte es mich viel Geld gekostet, das ich zudem heute nicht mehr so leichtfertig hätte verlieren dürfen. Als Schüler, Student oder Berufsanfänger erscheint es einem zwar enorm viel, wenn man einige Tausend Euro Verlust realisieren muss, und ehrlicherweise ist dies in jener Lebensphase auch sehr viel Geld. Andererseits kann man es auch schnell wiederbeschaffen, wenn man einige Monate sparsam lebt oder einen zusätzlichen Ferien- oder Nebenjob annimmt. Sollte man mit Mitte Vierzig aber mehrere Zehntausend Euro Verluste einfahren, so mag dies im Verhältnis zum Gesamtvermögen ein prozentual gleicher Anteil sein wie beim Studenten. Der absolute Schaden und der Wiederbeschaffungszeitraum sind aber ein viel

---

* Hier empfehle ich Ihnen zwar, sich ein eigenes Bild zu machen, möchte Ihnen aber die von mir genutzten Medien und Börsendienste zum Einstieg nennen. In meinen Augen sehr gute Podcasts sind Finanzrocker von Daniel Korth, *Der Finanzwesir rockt* von Daniel Korth und Albert Warnecke, *Aktien mit Kopf* von Kolja Barghoorn, *Mission Money* mit den drei Wirtschaftsredakteuren Mario, Matthias und Peter sowie *echtgeld.tv* von Tobias Kramer und Christian W. Röhl. Ich nutze keine Börsendienste mehr, da ich nicht die Erfahrung gemacht habe, dass diese einen besonderen Mehrwert bieten, außer dass sie hohe Einnahmen für den Herausgeber generieren. Die einzige Ausnahme ist das Angebot von Swen Lorenz https://www.undervalued-shares.com. Neben der Tatsache, dass man hier sein Englisch um viele Fachwörter erweitern kann und dass sehr interessante Unternehmen aus aller Welt vorgestellt werden, auf die man sonst nicht so leicht stoßen würde, finde ich auch, dass die Strategie durchaus erfolgreich ist. Swen Lorenz hat auch zwei spannende Bücher verfasst, die exotische Aktien und ferne Länder thematisch vereinen, nämlich *Reisenotizen eines Börsenprofis. Auf Schatzsuche mit Swen Lorenz* und *Reisenotizen eines Börsenprofis 2007. Swen Lorenz jagt nach unterbewerteten Investments.*

größerer. Ein weiterer Fehler, den vor allem Börsenneulinge begehen und der auch mir unterlief, ist das häufige Umschichten in den Depots. So schnell, wie ich eine Aktie gekauft hatte – aus Angst, ich könnte eine Entwicklung verpassen –, so schnell verkaufte ich sie auch wieder, um Gewinne mitzunehmen. Umgekehrt ließ ich Verluste ewig laufen, da ich keine Aktie verkaufen wollte, die im Depot in Rot dargestellt war.

Es gibt ein altes Börsensprichwort, das lautet: »Hin und her macht Taschen leer.« Daran ist viel Wahres. Neben den – vor allem vor zwanzig Jahren noch – hohen Gebühren für den Kauf und Verkauf von Aktien verpasst man auch die langfristige Wertentwicklung, wenn man jeden kleinen Gewinn realisiert aus Angst, man könne ihn wieder verlieren. Außerdem neigte ich dazu, das frei gewordene Geld sofort wieder in einen »gehypten« Wert zu investieren. Da die meisten davon dann doch nicht die versprochene Wertentwicklung an den Tag legten, standen unter dem Strich sehr magere Gewinne, wenn nicht gar Verluste, denen aber ein hoher Stress und Zeitaufwand sowie Kosten für all die Börsenmedien gegenüberstanden.

Je mehr ich mich mit der Börse befasste und je mehr ich auch durch Erfahrungen und das Lesen von Büchern lernte, desto konservativer wurde mein Anlageverhalten. Ich investierte verstärkt in Blue Chips* und Fonds** und erfreute mich

* Unter Blue Chips versteht man die Aktien sehr großer Unternehmen. Diese sind in der Regel schon lange am Markt und haben ein stabiles Geschäftsmodell. Das Risiko ist bei diesen Giganten, zu denen beispielsweise Coca-Cola, Nestlé oder Walt Disney gehören, überschaubar. Große Gewinnsprünge sind auf der anderen Seite auch unwahrscheinlich. Sie sind das Gegenteil von jungen Start-ups. Der Begriff »Blue Chips« kommt laut dem Lexikon der Börse Wien von den Jetons im Casino Monte Carlo. Die mit dem höchsten Wert waren blau. (https://www.wienerborse.at/wissen/boersenlexikon/buchstabe-b/blue-chips/)

** Fonds enthalten eine Vielzahl an Aktien und sind daher weniger riskant. Wenn eine der enthaltenen Firmen pleitegeht, wird dies durch den Wertzuwachs der anderen in der Regel kompensiert.

an den langsam, aber mehr oder weniger kontinuierlich steigenden Depotwerten. Die Firmen, die ich jetzt kaufte, waren auch in den Medien präsenter. Über Daimler wird in der *Tagesschau* berichtet, anders als über einen kleinen Internetkonzern, der außer einer schönen Investor-Relations-Homepage nichts Substanzielles zu bieten hat. Es erfüllte mich zunehmend mit einem gewissen Stolz, dass ich quasi auch Miteigentümer an diesen Konzernen war. Auf Wohnheimpartys konnte ich dem Werkstudenten, der damit prahlte, einen Platz bei BMW bekommen zu haben, trocken antworten, dass ich froh über seinen Eifer bin, denn er würde ja jetzt gewissermaßen auch für mich arbeiten und ich würde da schon Leistung erwarten.

Ich ging auch dazu über, systematischer zu investieren und auf die Streuung und Gewichtung nach Branchen, Ländern und Sektoren zu achten. Durch die zunehmend billigen Onlinebroker war ich auch nicht mehr darauf angewiesen, erst zu investieren, wenn ich wieder etwa tausend Euro zusammengespart hatte, da sonst die Kosten im Verhältnis zum Investitionsvolumen zu hoch waren. Vielmehr konnte ich ganz diszipliniert jeden Monat einen gewissen Betrag in festen Sparplänen oder auch gezielten Einzelkäufen anlegen. Dabei ging mir das Geld nicht ab, sondern es wurde fast schon zu einer Sucht, immer neue Aktien zu kaufen. Ich entwickelte eine richtige Sammelleidenschaft, wie man das zum Beispiel von Sammlern alter Eisenbahnen, Briefmarken oder Münzen kennt. Das Investieren wurde eine Leidenschaft und ein Hobby – und Leidenschaft ist neben Disziplin einer der wichtigsten Faktoren, um auf einem Gebiet dauerhaft erfolgreich zu sein und die eigenen Ziele zu erreichen.

Ich verband das Anlegen dann auch mit meinem konkreten Alltagsverhalten. So gehe ich zum Beispiel gerne zu McDonald's essen, was ich übrigens mit Warren Buffett gemeinsam habe. Ich weiß, dass viele mich jetzt für einen Kulturbanausen halten, doch ich kann Sie beruhigen – ich schätze auch die gute Küche und produziere sogar viele Lebensmittel selbst. Doch ab und zu geht einfach nichts über den Besuch dieser wohl bekanntesten Restaurantkette. Doch zurück zum Thema. Ich halte McDonald's für eine der solidesten Aktien der Welt – zumindest war ich noch nie in einer Filiale, sei es im Zentrum einer Großstadt oder den entlegenen Inseln von Key West, bei der der Laden nicht voll gewesen wäre. Auch finde ich die Firma sehr innovativ; sie erkennt früh gesellschaftliche Trends wie etwa das zunehmende Umweltbewusstsein der Bevölkerung. Beispiele hierfür sind die Einrichtung der McCafés, die Umstellung auf umweltfreundlichere Verpackungen und die elektronischen Bestellportale.

Ich möchte hier kein Loblied auf McDonald's anstimmen, aber Ihnen am Beispiel dieser allen bekannten Firma zeigen, worauf ich beim Investieren achte. Die Flut an Unternehmenskennzahlen und Hunderte Seiten Bilanzberichte kann man als Laie ohnehin nicht im Detail analysieren. Einige Grundkennzahlen sind aber durchaus wichtig. Nahezu in jeder Aktienanalyse werden das Kurs-Gewinn-Verhältnis (KGV) und das Kurs-Umsatz-Verhältnis (KUV) aufgeführt. Das KGV gibt an, in welchem Verhältnis der jährliche Gewinn des Unternehmens zum Börsenwert steht. Aus dem KUV wiederum kann abgelesen werden, wie sich der jährliche Umsatz zum Börsenwert verhält. Diese Zahlen sind aber sehr trügerisch und geben nur Hinweise auf möglicherweise unterbewertete

Aktien. Auch sind sie nur innerhalb der Vergleichsgruppe, also Unternehmen im selben Geschäftsfeld aussagekräftig. Technologiekonzerne, die stark wachsen, haben generell ein höheres KGV als ein Versicherungskonzern mit einem sich nur wenig ändernden Geschäftsmodell. Wer einen Überblick über die Bilanzanalyse und die Interpretation von Kennzahlen gewinnen möchte, dem sei das Buch *So liest Warren Buffett Unternehmenszahlen* empfohlen. Seine ehemalige Schwiegertochter Mary Buffett erklärt darin, wie der Meister der Bilanzanalyse vorgeht und welche Zahlen wie von ihm interpretiert werden.

Das alles erfordert aber sehr viel Zeit und Wissen. Und wenn es so einfach wäre, dann könnte ein Computerprogramm diese Arbeit übernehmen und automatisch lukrative Unternehmen herausfiltern. Für den Privatanleger sind die oben exemplarisch genannten Eigenschaften weit bedeutender für eine Kaufentscheidung. Wenn ich ein Produkt regelmäßig im Alltag benutze oder wahrnehme, dass bestimmte Geschäfte und Restaurants immer voller Kunden sind, dann ist dies für mich ein wichtiges Indiz für den Erfolg des betreffenden Unternehmens. Mit Bauernschläue kommt man auch an der Börse weiter als mit Theorie.

Wie aber habe ich jetzt das Investieren mit meinem Alltagsverhalten kombiniert? Ich hatte den Grundsatz, dass ich mir bei jedem McDonald's-Besuch auch eine Aktie kaufe. Dies war dadurch möglich, dass ich bei meinem Broker für wenige Cent Gebühren am US-Markt handeln konnte. So limitierte ich zum einen meinen Fast-Food-Konsum, da ich jedes Mal über hundert Dollar von meinem Monatsbudget abzweigen musste (Weihnachten 2020 stand die McDonald's-Aktie bei circa 211 US-Dollar), was nicht beliebig oft möglich war. Zudem hatte ich einen stetig wachsenden Bestand einer Qualitätsaktie. Außerdem floss bei jedem weiteren Besuch auch ein immer größerer Anteil zurück in meine Taschen. Dies war für mich zumindest psychologisch interessant, da dieser Gewinnanteil in Form von Dividenden in absoluten Zahlen natürlich so klein war, dass man ihn mit dem Elektronenmikroskop suchen musste.

Wichtig ist, für sich zu reflektieren, was man selbst von der Börse erwartet. In jungen Jahren meint man – so wie auch ich –, man könnte dort schnell reich werden. Hier trifft aber abermals eine Aussage, die André Kostolany zugeschrieben wird, sehr deutlich die Realität: »Ich kann Ihnen nicht sagen, wie man schnell reich wird; ich kann Ihnen aber sagen, wie man schnell arm wird: indem man nämlich versucht, schnell reich zu werden.« Natürlich gibt es Beispiele von Leuten, die in wenigen Jahren zum Millionär wurden. Dies sind aber entweder Ausnahmetalente oder Glücksritter. Auch beim Lotto und beim Roulette gibt es Einzelne, die erfolgreich sind. Auf lange Sicht aber kann man statistisch betrachtet nur verlieren. An der Börse kann man viel Geld verdienen, wenn man einen langen Atem hat und einfache Grundregeln einhält, wie ich sie schon mehrfach dargestellt habe. Mir kam zugute, dass ich mich schnell nicht mehr für das »Reichwerden«, sondern für die Wirtschaft und die Unternehmensmodelle hinter den Aktien begeistert habe.

Heute habe ich zwei Kinder und muss einen hohen Hauskredit abzahlen. Trotz deutlich höherem Einkommen bleibt im Vergleich zu früher nicht viel mehr zum Investieren, und auch die Verantwortung, das Geld sicher zu managen, ist größer geworden. Ich achte jedoch immer noch darauf, regelmäßig jeden Monat einen gewissen Mindestbetrag am Aktienmarkt anzulegen. Dieses Geld kommt teilweise aus zusätzlichem Einkommen wie ausbezahlten Überstunden, zum Großteil jedoch aus den inzwischen in absoluten Zahlen hohen Dividendenbeträgen. Ich habe, seitdem ich begonnen habe, an der Börse zu investieren, noch nie auch nur einen einzigen Cent wieder herausgezogen. Dadurch kommt natürlich der von Warren Buffett beschriebene Schneeball massiv ins Rollen. Es braucht dafür eine gewisse Disziplin, aber wie bei allem im Leben muss man sich diese auch an der Börse unbedingt aneignen.

Mein Depot ist weit davon entfernt, perfekt aufgestellt zu sein. Ich habe hohe Klumpenrisiken und eine viel zu geringe Streuung. Das liegt daran, dass ich alles bisher Dargestellte mühsam erlernt habe und in meinem Depot noch Fehler der Vergangenheit zu finden sind. Außerdem habe ich durch ein Erbe Aktien hinzubekommen, die nach einer völlig anderen Strategie gekauft wurden und mein inzwischen gut strukturiertes Portfolio »verzerrt« haben. Es ist ein Spiegel meiner Lebensgeschichte und Entwicklung. Als junger Mann kaufte ich kleine Tranchen von Firmen, die ich später nicht aufstockte, da es interessantere Unternehmensaktien gab und ich diese dann mit viel mehr Geld in höherer Stückzahl erwerben konnte. Nach dem Tod meines Vaters erbte ich sein mittelgroßes Depot, das aber nur aus fünf Werten bestand. Ich habe diese Aktien nie verkauft, da sie einerseits recht solide Blue Chips sind und mich andererseits an meinen Vater erinnern. Neben den emotionalen Aspekten gibt es aber auch einen sachlichen Grund: Da sie vor Einführung der Abgeltungssteuer erworben wurden, also zu der Zeit, als Kursgewinne von Aktien nach einem Jahr Haltedauer noch steuerfrei waren, muss ich den Gewinn nicht versteuern. Wenn ich ihn aber realisiere und neue Aktien erwerbe, entfällt dieser Steuerspareffekt, den ich – zumindest nach jetziger Rechtslage – bis in alle Ewigkeit mitführen kann.

In meinem Hauptdepot konzentriere ich mich darauf, durch den Zukauf von ETFs eine bessere Streuung zu erlangen. Alle Aktien, die sich dort befinden, möchte ich im Prinzip nie verkaufen, sondern möchte im Alter, sofern erforderlich, die Rente durch Dividendenerträge aufbessern, ohne die Substanz anzutasten. Dafür muss das Depot dann natürlich umstrukturiert werden. Wachstumsaktien wie Alphabet werden verkauft und die Erlöse werden in Dividendentitel umgeschichtet. Das Kernportfolio möchte ich an meine Kinder weitergeben und sie bis dahin so erziehen, dass sie in der Lage sind, verantwortungsvoll damit umzugehen, so wie auch Waldbauern das ihnen anvertraute Ökosystem seit Jahrhunderten gepflegt und an die Nachkommen weitergegeben haben.

Mit zunehmendem Wissen habe ich auch begonnen, Termingeschäfte zu tätigen.* Diese setze ich mit Optionen um, die ich je nach Markterwartung entweder »schreibe«, was der Fachterminus für den Verkauf einer Option ist, oder selbst erwerbe. Es mag auf den ersten Blick kompliziert erscheinen, ist aber sehr einfach, und wenn man ohne Hebel arbeitet, ist es

---

* Termingeschäfte sind die älteste Form des Börsenhandels und kommen aus der Landwirtschaft. Eine Seite verpflichtet sich, einen bestimmten Gegenstand auf Termin zu liefern, und die andere Seite verpflichtet sich, diesen Gegenstand abzunehmen, entweder während der Laufzeit des Termingeschäftes oder an dessen Ende. Zu den Termingeschäften zählen neben Futures unter anderem auch Optionen. Hier verpflichtet sich eine Seite zum Kauf oder Verkauf von Wertpapieren oder anderen Basiswerten innerhalb eines vorgegebenen Zeitraums. Dafür erhält die mit der Verpflichtung belastete Seite eine Prämie. Optionen können als Absicherungsinstrumente oder zu Spekulationszwecken eingesetzt werden. Bei richtiger Handhabung senken sie das Risiko einer Investition und generieren einen regelmäßigen Einkommensstrom.

sogar mit weniger Risiko behaftet als das reine Aktieninvestment. Optionsgeschäfte kommen ursprünglich aus der Landwirtschaft und dienten der Preisabsicherung von Rohstoffen, sei es Weizen, Kaffeebohnen oder Orangensaft. Sie sind damit ein wichtiges Absicherungsinstrument, von dem beide Parteien profitieren. Wer sich dafür interessiert, kann zahlreiche gute Bücher* zu dem Thema lesen oder sich durch YouTube-Videos und Podcasts ein entsprechendes Grundwissen aneignen.

Ich wende also verschiedene Strategien an. Um mein Risiko zu senken, diversifiziere ich nicht nur bei den Anlageklassen, sondern auch über die Nutzung verschiedener Broker und Depots. So wie neue waldbauliche Methoden und Gastbaumarten aus anderen Ländern in der Forstwirtschaft auf sogenannten Versuchsflächen getestet werden, setze ich meine Optionsgeschäfte bei einem anderen Broker um und beschränke den maximalen Verlust auf das dort eingezahlte Kapital. Insgesamt bin ich derzeit bei fünf verschiedenen Brokern, die alle spezifischen Vorteile bieten. Der eine führt automatisch die Steuer ab, der andere ermöglicht Zugriff auf exotische Börsen oder Optionsgeschäfte, ein weiterer bietet extrem billigen Handel oder die Anlage von Kinderdepots.

Diese Kinderdepots sind ebenfalls ein wichtiges Element unserer »Familienfinanzen«. Ich habe für meine Kinder seit ihrer Geburt Depots, die auf ihren Namen laufen. Das ist ein sehr wichtiger Punkt und es war nicht einfach, dem Finanzamt in meinem Hauptwohnsitzland Österreich zu erklären, weshalb ein zwei Monate altes Kind eine Steuernummer

* Gute Einstiegswerke sind *Strategisch Investieren mit Aktienoptionen* von Peter Putz und *Optionsgewinne mit System. Wie jeder an der Börse mit Optionen Geld verdient* von Jens Rabe.

benötigt. Anders als in Deutschland bekommt man diese nicht automatisch mit der Geburt zugeteilt. Dadurch, dass das Depot aber auf den Namen des Kindes läuft, hat man sehr hohe Freibeträge und eine enorme Steuerersparnis. Da Kinder noch kein eigenes Einkommen haben, unterliegen sie nämlich nicht der Kapitalertragsteuer. Mit einer Nichtveranlagungsbescheinigung können Sie überdies dafür sorgen, dass die Kapitalertragsteuer gar nicht erst abgeführt wird. In einem Kinderdepot kann durch die Steuerersparnis und den Zinseszinseffekt eine schöne Summe bis zur Volljährigkeit anwachsen, und Geld, das die Großeltern zum Geburtstag schenken, kommt nicht mehr in die Sparbüchse, sondern in den Aktiensparplan. Ein wichtiger Nebeneffekt ist auch, dass man Kinder für das Thema Geld sensibilisieren und ihnen Zusammenhänge in der Wirtschaft nahebringen kann. Man kann ihnen beim Besuch von McDonald's sagen, dass sie auch einen Anteil an dem Unternehmen haben, und man kann sie entscheiden lassen, ob sie die Dividende reinvestieren möchten, um nächstes Mal eine höhere Auszahlung zu erhalten, oder ob sie doch lieber ein Eis davon kaufen. Im Wald ist es in der Regel selbstverständlich, dass die Kinder mithelfen, wenn gepflanzt oder ein Christbaum geerntet wird. Durch die frühe Einbindung wachsen sie in die Themen hinein.

Natürlich achte ich hier auch weit mehr auf ethische Aspekte und kaufe grundsätzlich keine Aktien von Unternehmen, die nicht auf eine bessere Zukunft hinarbeiten. Für meine Kinder kaufe ich eher Werte wie eine meiner Lieblingsaktien, die ich Ihnen hier vorstellen möchte: Ich hatte 2005 die Möglichkeit, über das ASEFOREP-Austauschprogramm (die Abkürzung steht für Asia-Europe-Forestry-Exchange-Programm) ein Auslandssemester an der Seoul National University zu absolvieren. Was mich tief beeindruckt hat, war der enorme Ehrgeiz der Menschen, ihre Höflichkeit, ihre Naturverbundenheit und ihre Disziplin. Dies ist nicht nur in Korea so, sondern in ganz Ostasien, und es ist wohl auch stark dem Konfuzianismus geschuldet, der Bildung als hohes Ideal ansieht. Man kann von der Pisa-Studie halten, was man möchte, aber sie ist sicher ein gewisser Gradmesser, um Nationen zu vergleichen, und Südkorea hat dabei nicht umsonst den dritten Platz belegt.

Bei uns gibt es eine merkwürdige Abneigung gegen Leistung und Erfolg. Dies wird nicht nur an der Neidgesellschaft deutlich, die dazu führt, dass man sich für sein Einkommen schämt, sondern auch daran, dass teilweise selbst schulische Leistungen verpönt sind. Ein »Streber« wird gemobbt und gehänselt. Das Schlimmste für einen Fünfzehnjährigen ist eine Eins in Mathematik, die publik wird (was mir nicht passieren konnte). In Ostasien ist das Gegenteil der Fall. Gute Leistungen erhöhen das Ansehen, und Bildung ist ein sehr hohes Ideal. Eltern sparen teilweise ab der Geburt ihres Kindes Geld an, um ihm später Englischkurse in den USA oder Australien sowie den Besuch teurer Schulen und Universitäten zu ermöglichen. Daher ist Bildung dort fast schon als Statussymbol zu sehen – man würde an vielem sparen, aber nicht an Bildung, selbst in Krisenzeiten nicht.

Anders als in Europa gibt es in Asien einige börsennotierte Unternehmen, die in diesem Bereich tätig sind. Die Firma, die mir ans Herz gewachsen ist, und die ich auch schon in dem bekannten Podcast *Echtgeld.tv* von Christian W. Röhl und Tobias

Kramer vorstellen durfte,* nennt sich New Oriental Education. Sie stammt aus China und bietet Nachhilfeunterricht für Schüler, Vorbereitungskurse zur Aufnahme an Universitäten, Sprachkurse sowie Erwachsenenbildung an und das Ganze auch zunehmend in digitaler Form. Die Firma hat zudem einen großen »Burggraben«. Dieser von Warren Buffett geprägte Begriff bringt zum Ausdruck, dass ein Unternehmen über einen einzigartigen Vorteil gegenüber den Wettbewerbern verfügt und nicht von heute auf morgen aus dem Markt gedrängt werden kann. Im Falle der New Oriental Education sind dies die zahlreichen Lehrpersonen, die eng an das Unternehmen gebunden sind und mit diesem Verträge haben. Im Gegensatz zu einem Softwarekonzern, der von einem jungen Start-up mit neuen Algorithmen und besseren Programmen schnell überholt werden kann, ist es für ein Unternehmen wie New Oriental Education sehr schwierig, geeignetes Fachpersonal zu rekrutieren, was auch in Deutschland immer mehr Firmen zu spüren bekommen. Die sogenannten Human Resources sind heute ein sehr wichtiger Wettbewerbsfaktor, Fachkräfte sind der Rohstoff der Zukunft.

Ein besonders interessantes Geschäftsfeld in einer alternden und immer reicher werdenden Gesellschaft ist die zunehmende Erwachsenenbildung, die auch im Seniorenalter noch anhält. Dieser Trend findet sich schon jetzt in den westlichen Industrieländern und wird auch in die alternden Gesellschaften Japans, Chinas und Koreas Einzug halten. Je gebildeter ein Mensch ist, desto mehr weitere Bildungsangebote wird er in der Regel wahrnehmen. Der Markt wird somit nicht gesättigt,

* https://www.youtube.com/watch?v=oc4DXiBBiSg&t=1113s

wie es bei anderen Produkten der Fall ist. Vielmehr ist es ein sich selbst verstärkendes Wachstum. Bildung führt zu mehr Lebenszufriedenheit, sozialem Zusammenhalt und einer rascheren Lösung der Probleme unserer Welt. Das ist ein weiteres Beispiel für die positiven Effekte des Wachstums. Und es unterstützt meine Theorie, dass Unternehmen, die positive Kielwassereffekte durch ihr wirtschaftliches Handeln generieren, hoch profitabel sein können. Die Kielwassertheorie gibt es gleichermaßen im Wald, sie besagt, dass im Kielwasser einer nachhaltigen Bewirtschaftung neben den ökonomischen auch alle anderen Waldfunktionen quasi von allein erfüllt werden.

Die New-Oriental-Education-Aktie hat mir mehrere Hundert Prozent Gewinn eingebracht und war eine meiner erfolgreichsten Unternehmensbeteiligungen. Leider hat, während ich dieses Buch verfasse, die chinesische Regierung stark regulatorisch in die Wirtschaft eingegriffen. Der Aktienkurs ging daraufhin in den Sturzflug über. Solche unvorhergesehenen Ereignisse können immer auftreten. Eine Parallele hierzu in der Forstwirtschaft sind zum Beispiel neue Krankheiten wie das Eschentriebsterben. Durch diese Pilzkrankheit sind stabile Eschenwälder innerhalb kürzester Zeit zerstört worden. Es zeigt einmal mehr die große Bedeutung der Risikostreuung. Da die New Oriental Education nur etwa 1 Prozent meines Gesamtdepots ausmachte, war der Verlust eher emotional als monetär schmerzhaft. Ich glaube auch, dass sich das Unternehmen erholen wird, denn der Bereich hat insbesondere nach der Coronapandemie eine glänzende Zukunft.

SCHLUSSWORT

Nach fast einem Jahr bin ich nun am Ende mit dem Verfassen dieses Buches. Während ein Jahr für den Wald nur ein Wimpernschlag ist, gab es an der Börse so viele Ereignisse, dass man darüber ein eigenes Buch schreiben könnte. Aber auch diese Ereignisse generieren nur kurze Zuckungen in einem Chart, der langfristig von links unten nach rechts oben verläuft und damit ein Spiegelbild unserer wirtschaftlichen Weiterentwicklung ist. Börsianer sind grundsätzlich positive Menschen und glauben an eine bessere Zukunft. Bei aller Dramatik vom Waldsterben 2.0 in Europa bis zu den brennenden Amazonaswäldern bin ich auch für den Wald optimistisch. Er hat sich oft verändert und ist nie verschwunden. Zahlreiche Menschen erkennen, dass die Natur uns nicht braucht, wir sie aber sehr wohl.

Ich hoffe, meine Worte haben Sie neugierig gemacht, sich mit den Themen Wald und Börse zu beschäftigen und beides für Ihr Leben zu nutzen. Der Wald ist ein kostenlos zur Verfügung gestellter Erholungsraum und ein Fitnesszentrum für Seele, Geist und Körper. Während der Lockdowns in den Jahren 2020 und 2021 gab es eine Kampagne, die das Motto hatte:

»Ohne Kunst und Kultur wird es still.« Natürlich habe auch ich Mitgefühl mit den in diesen Branchen tätigen Personen und würde stark dafür plädieren, dass sich auch (Forst-)Beamte nicht sträuben, wenn man Gehaltskürzungen vornimmt und der Staat hier für einen Ausgleich sorgt. Aus Sicht der Konsumenten aber muss ich sagen: Vielleicht ist es gar nicht schlecht, wenn es einmal still wird. Besonders in den Städten ist Unterhaltung immer mit externer Bespaßung verbunden, die Geld kostet. Wie wäre es einmal, sich an einem warmen Sommertag an einen Fluss zu setzen, dem Wasser zu lauschen und die in der Sonne tanzenden Blätter der Zitterpappel zu beobachten?

Der weltbekannte österreichische Psychiater Dr. Reinhard Haller hat viel zu den positiven Wirkungen der Natur auf die Psyche und speziell zu denen des Waldes publiziert und darüber referiert. Ein Waldlauf ist sicher genauso gut, wenn nicht sogar besser für die Gesundheit wie das Training auf dem Laufband in einem stickigen Fitnessstudio.

Ich hoffe nur, dass Sie spätestens nach der Lektüre dieses Buches wissen, dass der Forstweg, auf dem Sie joggen, eigentlich für die Waldbewirtschaftung gedacht ist, und dass diese legitim und wichtig ist. Die Forstwirtschaft ist eine der ältesten wirtschaftlichen Tätigkeiten des Menschen, sie hat die Nachhaltigkeit erfunden. Keinesfalls geht es dabei um die Ausbeutung des Waldes.

Genauso hoffe ich, dass Sie erkannt haben, dass es legitim ist, Ihr Geld in Aktien zu investieren und dadurch einen Teil der Gewinne der Unternehmen, deren Produkte Sie in Ihrem Alltag ohnehin benutzen, mit abzuschöpfen. Nirgendwo ist dies so spannend und einfach wie an den Börsen dieser Welt. Und neben Ihrer eigenen Altersvorsorge, die der Staat ohnehin nicht mehr garantieren kann und die Sie durch Ihre Anlagen an der Börse sichern, schaffen Sie auch auf andere Art einen Mehrwert: Sie unterstützen fleißige und intelligente Menschen in aller Welt dabei, unsere Zukunft positiv zu gestalten.

Es war auch noch nie so einfach wie heute, mit wenigen Mausklicks ein Depot zu eröffnen. Gehen Sie zu den Hauptversammlungen und beteiligen Sie sich daneben durch Ihr Konsumverhalten an den Entwicklungen, die zunehmend ökologischen Bedürfnissen Rechnung tragen.

Doch vor allem: Haben Sie Spaß an der Geldanlage und sehen Sie der Zukunft positiv entgegen.

Ich freue mich, dass Sie mein Buch gelesen haben!

ÜBER DEN AUTOR

Stephan Philipp hat Forstwissenschaften an der Technischen Universität München und der Seoul National University studiert und daneben einen wirtschaftswissenschaftlichen Abschluss erworben. Neben dem Referendariat in Bayern hat er auch die Staatsprüfung für den höheren Forstdienst in Österreich absolviert, wo er inzwischen in leitender Funktion tätig ist. Zuvor war er zehn Jahre lang als Projektleiter der Bergwaldoffensive im Bayerischen Alpenraum sowie in der Forschungsförderung an der Bayerischen Landesanstalt für Wald- und Forstwirtschaft in Freising tätig. 2012 war er für die Verdienste in der Naturvermittlung an Jugendliche für den Internationalen Alpinen Schutzwaldpreis nominiert. 2017 wurde er für ein internationales Projekt mit der Georg-Dätzel-Medaille ausgezeichnet.

Seine umfangreichen Erfahrungen in der Waldbewirtschaftung, von denen er auch schon in Fernsehinterviews und Radiobeiträgen berichten konnte, halfen ihm auch bei seiner zweiten großen Leidenschaft, dem Investieren an den Börsen rund um die Welt. Auch hier konnte er schon in einem bekannten YouTube-Format auftreten und einen Börsenwettbewerb gewinnen.

Warren Buffett – Das Leben ist wie ein Schneeball

Alice Schroeder

Warren Buffett zählt seit Jahrzehnten zu den reichsten Menschen der Welt. Alice Schroeder erzählt in dieser aktualisierten Ausgabe die Geschichte seines bewegten Lebens. Buffett verbrachte unzählige Stunden mit der Autorin bei der Beantwortung von Fragen zu seiner Frau, seinen Kindern, zu seinen Geschäftspartnern und Freunden, gab Auskunft zu seiner Kindheit, öffnete seine Fotoalben, gewährte tiefe Einblicke in seine Arbeit, seine Denkweise, seine Kämpfe und Triumphe, legte aber auch seine Torheiten offen. Alice Schroeder gelang es auf eindrucksvolle Weise, eine der faszinierendsten Erfolgsgeschichten unserer Zeit auf Papier zu verewigen.

1152 Seiten | Softcover | 24,99 € (D) | 25,70 € (A) | ISBN 978-3-89879-602-6

Gutes Gewissen und dennoch erfolgreich

Beate Sander

Seit Greta Thunberg und der Friday-for-Future-Bewegung steht der Klimawandel verstärkt im Fokus. Damit wird das Thema Nachhaltigkeit auch für die Geldanlage immer wichtiger. Doch welche Investments sind wirklich nachhaltig und wie findet man die richtigen Produkte? Bestsellerautorin Beate Sander zeigt nicht nur mit vielen Musterdepots und einer Übersicht globaler Nachhaltigkeitsaktien, wie sich nachhaltige Geldanlage mit Aktien, Fonds und ETFs umsetzen lässt, sondern auch, warum Aktien von Unternehmen, die ethisch verantwortungsvoll und nachhaltig wirtschaften, die beste Unterstützung für deren Bemühen um eine umweltfreundliche Welt sind.

288 Seiten | Hardcover | 29,99 € (D) | 30,90 € (A) | ISBN 978-3-95972-335-0